)NIE LANDRIEU 1988

FABLES

Typographie Ernest Meyer, 3, rue de l'Abbaye, à Paris.

FABLES

PAR

BOYER-NIOCHE

QUATRIÈME ÉDITION

AUGMENTÉE D'UN SIXIÈME LIVRE ET ILLUSTRÉE DE BELLES GRAVURES D'E. SALLE,
D'APRÈS LES DESSINS DE BEAUGARD-THIL, ÉLÈVE DE GIRODET.

PARIS
AMABLE RIGAUD, LIBRAIRE-ÉDITEUR
50, RUE SAINTE-ANNE.
1858

PRÉFACE.

Comme dans la littérature d'un peuple vient nécessairement se refléter sa vie intellectuelle et morale; comme cette littérature est appelée à en représenter toutes les phases, la Fable, pas plus que le Drame, la Satire, la Chanson, le Pamphlet, le Roman, etc., ne doit rester étrangère aux progrès de la raison. Il faut donc que la Fable, sous peine d'être inutile, défaut capital de toute œuvre de l'esprit, s'associe aujourd'hui aux transformations sociales et politiques qui se sont accomplies pour le bien de l'humanité ; qu'elle ait, en conséquence, une signification plus philosophique, une portée plus morale. Il faut, sous la forme qui lui est propre, et dont on ne peut contester ni les avantages ni les attraits, que la Fable prêche la liberté, la justice, la charité*; qu'elle flagelle impitoyablement le vice ; qu'aux préjugés elle oppose autant de traits de lumière.; qu'elle fasse abhorrer l'égoïsme, de quelque masque qu'il cherche à s'enjoliver, sous quelque déguisement qu'il se présente ; qu'elle conduise enfin, par d'ingénieuses fictions, à des vérités de tous les temps et de tous les lieux, à la pratique de toutes les vertus. Esclave ou affranchie dans Ésope et dans Phèdre, trop souvent plus que courtoise dans notre incomparable La Fontaine, pour elle le temps est venu de s'apprendre à être libre.

D'après ces considérations, qui ne laissent aucun doute sur la vraie mission du fabuliste, il est

---

* J'entends la charité qui consiste à faire à autrui ce que nous voudrions qu'il nous fît.

beaucoup de choses auxquelles je m'arrêterai peu. Je me garderai bien, par exemple, combattant en faveur de Lockman, de chercher à prouver qu'Ésope et lui sont deux personnages de l'antiquité ; je serais trop mal reçu des partisans nombreux de Boulanger qui veut qu'ils n'en fassent qu'un. Je n'entrerai pas en lice avec de si rudes joûteurs. Je ne me livrerai point à de pénibles investigations pour démontrer que l'Inde, la Chine ou l'Égypte, est le berceau de l'Apologue. S'il m'arrivait d'avancer, avec Florian, que c'est l'Inde, viendrait bientôt un autre Boulanger, un puits d'érudition, qui me ferait bien voir que je n'y entends rien : la question est d'ailleurs trop ardue ou trop oiseuse ; à d'autres la besogne. Qu'il me prenne fantaisie de soutenir, avec Phèdre tout le premier, lui qui, à coup sûr, devait en savoir quelque chose, que l'Apologue naquit de l'esclavage, et que c'est un déguisement à l'aide duquel l'opprimé pouvait exprimer ses sentiments et dire impunément des vérités qui attaquaient ses oppresseurs, M. Arnault, auteur de Fables charmantes, mais évidemment trop épigrammatiques, ne manquera pas de m'objecter, avec raison peut-être, que des hommes libres se sont servis de ce mode de comparaison avant les fabulistes esclaves, et que la Fable, qui n'est autre chose que la parabole, loin d'être l'ombre répandue sur la vérité, est la lumière qui l'accompagne, moyen qui permet à ceux qui savent manier l'allégorie avec assez d'habileté et de génie, de la montrer dans toute sa force et son éclat à ceux mêmes qui l'ont le plus en aversion.

Houdard de la Motte a dit : *la Fable est une instruction déguisée sous l'allégorie d'une action*, définition qu'il faut rejeter, plutôt que de retrancher du recueil de La Fontaine plusieurs excellentes fables auxquelles elle ne peut nullement convenir. Qu'est-ce donc? un petit poëme, dont le but est d'instruire et d'amuser? une petite comédie? pas mieux; d'où il faut conclure qu'une définition rigoureuse de la Fable est une impossibilité ; aussi, pour ne pas se compromettre, Boileau n'en a pas dit un mot.

A propos de la Motte qui, comme le dit Lemonnier dans une dissertation beaucoup plus philosophique que la sienne, a cherché, *avec toute l'adresse d'une coquette qui médit d'une femme plus jolie qu'elle, à déprécier La Fontaine*, il a donné, par ses fables, une nouvelle preuve que tous les préceptes et toutes les dissertations ne peuvent jamais tenir lieu du génie. Et les règles d'Aristote ? la Fable n'en veut point ; c'est sans doute encore pourquoi Boileau n'en a pas parlé. D'une allure indépendante, la Fable se plaît à varier son costume et à prendre des formes diverses ; c'est ainsi qu'elle est dramatique, épigrammatique, historique, politique, etc. Au reste, le bonhomme est là pour répondre aux faiseurs de règles. J'ai, Dieu merci, assez de discernement, je n'ose pas dire de goût, pour m'apercevoir que son divin recueil, en dépit de Boileau comme d'Aristote, est, pour qui sait y lire, une poétique vraiment complète de l'Apologue. Il nous a prouvé, par de nombreux exemples où son génie s'est montré dans toute sa puissance, que la Fable, pour être parfaite, doit être dramatique; qu'elle doit avoir son exposition, son nœud, son dénouement. S'il nous a également prouvé que la simplicité, la naïveté, et surtout la gaieté, une de ses plus précieuses qualités, doivent dominer dans la Fable, il ne nous a dit nulle part qu'elles doivent être exclusives ; au contraire, il nous apprend combien la variété convient au fabuliste, et c'est de cette variété dans les sujets, dans les tableaux, dans le style, que résulte son plus grand charme. C'est avec un talent, un art sans égal, qu'il a su prendre tous les tours, toutes les formes, tous les tons ; qu'il a su trouver un rapport parfait entre l'expression et la nature du sujet.

Personne n'invente et n'agence mieux un cadre

que lui, personne ne le remplit d'une manière plus ingénieuse ou plus dramatique (1). Enfin, La Fontaine avait dans l'organisation précisément tout ce qu'il fallait pour le rendre digne des deux vers où il est jugé, avec tant de bonheur, par un fabuliste qui, contrairement à ce que l'on voit trop souvent, a beaucoup plus de mérite que de réputation. Ces vers sont de Guichard :

> Dans le Conte et la Fable il n'eut point de rivaux ;
> Il peignit la nature et garda ses pinceaux.

Pourquoi faut-il que cet homme, si grand de génie, se soit attiré des reproches mérités, en mettant à la place de vérités utiles des préceptes favorables au vice et à la tyrannie ? ne vaudrait-il pas infiniment mieux qu'il eût fait le sacrifice de quelques fables, même des meilleures, il faut bien le dire puisque c'est dans l'intérêt de la morale,

(1) Nous retrouvons ce mérite dans Béranger, et ce n'est pas le seul trait de ressemblance qu'on remarque entre le grand fabuliste et le grand chansonnier.

que de donner des leçons de duplicité, de flatterie et de violence ?

Est-ce bien Lafontaine qui, dans une apostrophe aux rois, a dit :

Servez-vous de vos rêts, la puissance fait tout.

Mais reportons plutôt notre accusation sur le temps où La Fontaine vivait, temps déplorable, puisque le génie, en quelque sorte, s'abdiquait lui-même en se courbant au joug odieux de l'absolutisme royal. N'en doutons pas, si le glorieux passage du fabuliste sur cette terre eût été retardé jusqu'à notre époque, dont l'idée dominante est celle de la liberté, le bonhomme assurément eût subi la salutaire influence du dogme immuable de la souveraineté du peuple, dans lequel réside toute une régénération réelle et salutaire.

A tout ce qu'on a dit sur la moralité de la Fable, je crois devoir ajouter une chose qui me paraît digne de remarque : c'est qu'elle doit être jetée vivement à la fin, et de manière à saisir, à frapper soudainement l'esprit du lecteur ; c'est qu'elle doit avoir, autant que possible, une tournure proverbiale, ce que j'ai tenté plusieurs fois, mais peut-être sans succès. Cette difficulté est à l'affabulation ce que l'action est au corps de l'Apologue ; aussi les fables dramatiques dont la moralité a le caractère que je viens de signaler, sont-elles très rares comparativement à celles qui ne sont que de simples narrations, ou des récits dialogués.

J'ai parlé de règles ; voyons ce qu'elles deviennent une fois aux prises avec le génie : on s'était avisé de dire que les êtres inanimés devaient être exclus de l'Apologue. La Fontaine, pour toute réponse, fait *le Pot de terre et le Pot de fer* ; ainsi du reste.

Il est donc bien reconnu que, dans plus d'un

genre, on peut faire d'excellentes fables, et, pour preuve, je vais en citer une qui, d'ailleurs, dédommagera mes lecteurs de l'ennui que pourrait leur causer ce qu'on appelle une préface.

LE PARRICIDE.

Un fils avait tué son père.
Ce crime affreux n'arrive guère
Chez les tigres, les ours; mais l'homme le commet.
Le parricide eut l'art de cacher son forfait;
Nul ne le soupçonna. Farouche et solitaire
Il fuyait les humains et vivait dans les bois,
Espérant échapper aux remords comme aux lois;
Mais un jour on le vit détruire à coups de pierre,
Un malheureux nid de moineaux :
Eh! que vous ont fait ces oiseaux?
Lui demande un passant, pourquoi tant de colère? —
Ce qu'ils m'ont fait, répond le criminel,
Ces oisillons menteurs, — que confonde le ciel, —
Me reprochent d'avoir assassiné mon père!
Le passant le regarde; il se trouble, il pâlit;
Sur son front son crime se lit,

Conduit devant le juge, il l'avoue et l'expie.
O des humains dernière amie,
Toi qu'on voudrait en vain éluder ou tromper,
Conscience terrible, on ne peut t'échapper !

FLORIAN.

Voltaire, dont l'amour-propre excessif l'emportait malheureusement trop souvent sur l'amour de la justice et de la vérité, a jugé La Fontaine avec une impardonnable sévérité, quand, lui refusant absolument le génie de l'invention, il a dit, en parlant des fables d'Esope : « Toutes les nations « un peu savantes les ont adoptées. La Fontaine « est celui qui les a traitées avec le plus d'agré- « ment ; il y en a environ quatre-vingts qui sont « des chefs-d'œuvre de naïveté, de grâce, de « finesse, *quelquefois même de poésie.* »

Voltaire, sans doute, fut loin d'être un type de la perfection humaine ; mais, peut-être à jamais sans égal dans l'art d'écrire, depuis qu'il a créé, pour me servir des expressions de Chénier, une littérature nouvelle au milieu de notre littérature, depuis qu'il a si heureusement fécondé cette pensée de Montaigne : « la philosophie, formatrice « des jugements et des mœurs, a le droit de se « mêler partout », beaucoup d'écrivains, justement célèbres, ont suivi les traces du grand génie avec un succès qui eût été plus éclatant encore sans les entraves dont il était si difficile de s'affranchir dans un pays où, comme le dit un poète éminemment national et souvent sublime, un poète qui est à la chanson ce que La Fontaine est à la Fable, on trouvait encore des hommes qui

Pour en donner, portaient des fers.

BÉRANGER.

Quoi qu'il en soit de ces entraves, d'illustres citoyens, des hommes dont le courage égalait le génie ou le talent, ne cessèrent point de tendre vers le but rationnel qui leur était assigné par l'intelligence du beau et l'amour de l'humanité, et, grâce à leurs constants et généreux efforts,

PRÉFACE.   XIII

toute rétrogradation un peu durable est désormais impossible.

Avant de terminer, je dirai quelques mots du cinquième livre de cette nouvelle édition. Plus que tout autre genre de littérature, la Fable, on le sait, a besoin de variété; aussi, j'ai mis à contribution, autant qu'il m'a été possible, l'Histoire naturelle, l'Histoire proprement dite, et jusqu'à l'Astronomie même; aussi j'ai voulu que des réflexions philosophiques et littéraires précédassent plusieurs fables avec lesquelles j'ai tâché de les mettre dans un juste rapport.

Une de mes préoccupations les plus constantes surtout a été de n'exprimer, dans les fables de mon dernier livre, comme dans les précédentes, que des sentiments nobles, des pensées généreuses, des vérités utiles, pour arriver ainsi à l'unité morale que l'on doit si vivement regretter de ne pas trouver dans La Fontaine, espérant, au moins sous ce rapport, rendre mon recueil digne de mes concitoyens et de mes amis, qui accepteront le legs que je leur en fais et m'y retrouveront pour ainsi dire moi-même dans l'expression de mes plus vives sympathies, de mes plus chères convictions ; digne enfin des hommes de bien qui se font un devoir de contribuer de tous leurs moyens à la félicité publique.

Cependant, comme les dieux d'autrefois, les aristocraties s'en vont; le temps approche où les peuples ne formeront plus qu'une seule famille et recueilleront enfin le fruit des évolutions déjà opérées dans la marche toujours progressive du genre humain ; l'indestructible imprimerie leur en donne la garantie infaillible, et la littérature, qui est dans une si étroite corrélation avec la civilisation, n'aura désormais d'autre tendance que le perfectionnement moral et intellectuel de l'homme, et par conséquent le bien-être de tous.

Eh bien! l'Apologue, qui est aussi ancien que les sociétés humaines, puisqu'on trouve des exemples de ce genre de fiction chez les nations de la plus haute antiquité, l'Apologue, je me plais à le répéter, ne doit pas rester en arrière; et tandis que la bonne comédie, avec laquelle il a tant d'affinité, est un miroir de mœurs pour les hommes, il doit être pour eux un miroir de vérités. Pour qu'il prenne donc une place distinguée parmi les autres genres de poésie, il faut que le but en soit noble, élevé, et que la philosophie, qui n'est autre chose que la recherche de la vérité, y apparaisse sous le voile léger de la fiction, heureux détour qui peut servir à sa propagation, quoi qu'en puissent dire les contempteurs de ce mode de comparaison, à l'aide duquel des vérités habillées en apologues deviennent, pour ainsi dire, autant de diamants qui, enchâssés habilement, reflètent un nouvel éclat, et sont plus ostensibles, plus appréciables pour beaucoup de lecteurs, ce que j'ai cherché à exprimer dès la première fable de mon recueil. Voilà ce qu'on peut faire au moyen de l'allégorie, commune à toutes les langues, goûtée de tous les peuples, et de la poésie qui trouvera toujours des gens organisés pour l'aimer.

LIVRE PREMIER.

FABLES.

LIVRE PREMIER.

FABLE I.

LE DIAMANT.

Un simple diamant se trouvait par hasard
Auprès de maint saphir et de mainte topaze,
Qu'un bijoutier venait d'enchâsser avec art,
    Et qu'il vantait encore avec emphase ;
Aussi le diamant offrait en vain l'éclat
    Que lui dispensa la nature ;

Pour lui point de chaland. Mais il change d'état,
Et, poli, rehaussé d'une riche monture,
Il reparaît ; les yeux en sont surpris :
Sur ma foi, c'est une merveille !
Dit le chaland venu la veille ;
Enfin, chacun en reconnaît le prix.

De même, fort souvent, on néglige, on dédaigne
La vérité qui s'offre en sa simplicité ;
Eh bien ! qu'un fabuliste avec art nous la peigne,
Qu'un habit poétique alors lui soit prêté,
Qu'elle cesse enfin d'être nue,
La valeur en est reconnue.

LE CHIEN ET LES MOUTONS

FABLE II.

LE CHIEN ET LES MOUTONS. [1]

Souvent seul, marchand au hasard,
Je parcours la fertile plaine
Que, dans son cours, borne la Seine,
Et que domine Vaugirard.
Un jour j'y rencontrai la race débonnaire
De ces infortunés moutons,
Dont la chair assouvit les appétits gloutons
De mainte espèce sanguinaire.
A quelques pas de là, je vis un homme assis ;
Il n'avait point l'air d'un autre Tircis :
Point de pipeaux, point de musette,
Ni panetière, ni houlette ;
Mais, pour tout attribut, un fer ensanglanté
Était pendant à son côté ;
Pasteur qui, d'un couteau s'armant chaque journée,

---

(1) Cette Fable a été composée et publiée quelque temps après la mort du maréchal Ney.

D'animaux innocents tranchait la destinée :
Bref, c'était un boucher. Je m'approche; un vieux chien,
   A son maître toujours fidèle,
  Mais rempli d'amour pour le bien,
Auprès de ces moutons active sentinelle,
Discourait avec eux; voici leur entretien :
Je ne puis, disait-il, sans une peine amère,
Voir de votre destin le changement affreux,
Moutons infortunés! je vous ai vu naguère
Sous un autre berger : que vous étiez heureux!
   Mais vous avez changé de maître.
Considérez-le bien seulement une fois :
   Au fer qu'il porte, au son de voix,
A tout son vêtement vous pourrez reconnaître
Quel est votre gardien : que je plains votre sort! —
Un mouton lui répond : Ma foi, nous aurions tort
De n'être pas contents; tu vois, nous pouvons paître
Ainsi que sous Tircis : tes soins sont superflus.
— Mais de Tircis déjà ne vous souvient-il plus?
Il n'était pas pour vous d'assez gras pâturages,
D'assez limpides eaux, et d'assez frais ombrages;
Jamais vous n'éprouviez les rigueurs des saisons;
On admirait l'éclat de vos blanches toisons. —
Tout le troupeau repart : Laisse-nous donc tranquilles,

Nous broutons notre saoul... — Ah ! moutons imbéciles !
    Ce n'est, je vois bien,
    Qu'à l'heure fatale
    Où votre gardien,
    D'une main brutale,
    Vous donne la mort,
L'un après l'autre allant sur la rive infernale,
Que vous reconnaissez votre malheureux sort !

FABLE III.

LA SOURIS ET LA TORTUE.

Une jeune souris, trottant à l'aventure,
Rencontre une tortue, et lui dit : Ta maison,
   Triste prison,
Doit te faire souvent maudire la nature ;
Vois d'ici mon palais, j'y loge avec le roi.
Notre amphibie alors répond à l'insolente :
De mon petit réduit je me trouve contente ;
   Il est à moi.

FABLE IV.

LES MOQUEURS.

Dans certain café de Paris,
Où dix fois dans une heure un siége est pris, repris,
Où l'on voit s'assembler des gens de toute allure,
    Et des gens de toute figure,
Un borgne, dans un coin, tout fier d'avoir un œil,
Se moquait d'un aveugle. Avec pareil orgueil,
Certain louche à son tour riait de notre borgne.
Mais voyez ce vieillard, d'où vient sa bonne humeur ?
Lunettes sur le nez, le voilà qui les lorgne,
    Se moquant du dernier moqueur.
    Un homme — (on n'eut jamais la vue
    Et plus forte et plus étendue) —
    A les observer à loisir
    Éprouvait un secret plaisir ;
En rit-il ? je ne sais ; mais au moins je dois dire
Que lui seul, en tel cas, à bon droit pouvait rire.

FABLE V.

LES PERROQUETS ET LE HIBOU.

Des perroquets, tous messieurs grands parleurs,
    Et de différent plumage,
        Vivaient dans la même cage ;
Ils s'étaient divisés suivant leurs trois couleurs,
Les blancs avec les blancs ; il en était de même
Des rouges et des verts : voilà donc trois partis.
Les blancs de dominer ont un désir extrême.
Tous honneurs, disent-ils, nous seront départis.
Mais à tous leurs projets les rouges sont contraires,
Ils répètent ces mots : nous allons égorger
        Tous ces téméraires,
Ou bien de notre bord ils viendront se ranger.
Il faut, disent les verts, sans haine et sans vengeance,
Rappelant parmi nous la modération,
Nous hâter d'étouffer l'esprit de faction,
Pour vivre désormais en bonne intelligence.
Cependant, on agit avec hostilité ;

Tout dit que c'est le jour d'une guerre intestine :
    Jour odieux! jour de calamité!
On entendit alors, d'une cage voisine,
Un hibou qui leur dit : Pourquoi tous ces caquets?
Pourquoi vouloir ainsi vous mettre à la torture?
Dites-moi, je vous prie, est-ce que la nature
    Ne vous fit pas tous perroquets?

FABLE VI.

LES PLAIDEURS.

Après nombre d'exploits, requêtes, ordonnances,
Renvois et nullités, appels, enfin sentences,
Lucas, dans un procès, par Pierre fut vaincu,
Mais Pierre dépensa jusqu'au dernier écu ;
Aussi l'on vit bientôt mourir Lucas et Pierre :
Le perdant, de chagrin ; le gagnant, de misère.

FABLE VII.

LE GRILLON ET LE PAPILLON.

Un modeste grillon n'avait pour héritage
Qu'un trou; mais il savait y vivre heureux en sage :
Grillon observait tout. Dès long-temps, à loisir,
Il voyait papillons, jouets d'un sort perfide,
Aux feux d'une bougie, en leur course rapide,
Aller se brûler l'aile, et promptement périr.
Un soir qu'il en vit un, trompé par la lumière,
Voltiger et courir à son heure dernière :
Arrête, lui dit-il, arrête, ou le trépas !..
Ne voulant écouter que sa folle cervelle,
L'autre fait sourde oreille et ne s'arrête pas;
Le voilà qui folâtre autour de la chandelle.
Le grillon de crier : Quelle indocilité !
Quelle rage est la tienne ! A ces mots, irrité,
L'arrogant au grillon adresse ce langage :
Le poltron quelquefois veut s'ériger en sage.
Reste, mon ami, reste en ton obscurité,

Et sache que pour moi brille cette clarté.
Le grillon ne dit mot. Notre insecte rebelle
Fit si bien qu'il parvint à se brûler une aile.
Alors, mais vainement, reconnaissant son tort,
Il dit : Mon cher grillon, j'ai mérité mon sort.

Si parmi nous, à la cour, à la ville,
On trouve peu de grillons,
C'est qu'en revanche on y compte par mille
Des insensés papillons.

FABLE VIII.

LA BELETTE ET LA VIPÈRE.

Le printemps était de retour,
Et la belette, au point du jour,
Rôdant par-ci, par-là, rencontre une vipère
Qui, pour rôder aussi, sortait de son repaire :
Salut, aimable et chère sœur,
Dit l'animal rampant en s'avançant vers elle;
Pourquoi vous détourner? venez, n'ayez pas peur :
Allons, regardez bien; j'ai pris robe nouvelle;
Et, ma foi, depuis les beaux jours,
J'ai tout-à-fait perdu mon ancien caractère.
Par ces mots la belette interrompt son discours :
C'est fort bien parlé, ma commère;
Cependant, s'il te plaît, tout beau !
Quand mille fois encor tu changerais de peau,
Tu n'en serais pas moins vipère.

FABLE IX.

LE DERVIS ET SON DISCIPLE.

Du puits de Mahomet jadis un dervis sage,
Le matin, à midi, prenait un saint breuvage ;
Son disciple, voulant le passer en savoir,
Va puiser le matin, vers midi, vers le soir.
Mais quoi ! quand il se crut d'une sagesse unique,
Sans avoir rien appris, il était hydropique.

FABLE X.

LES OISEAUX ET L'OISELEUR.

Bouvreuil, et linotte, et pinson,
Chantaient dans le même buisson ;
Eutr'eux survint une querelle.
Certes, ma voix est la plus belle,
Dit le bouvreuil. Ton chant est ennuyeux,
Lui répondit l'égrillarde linotte,
Et tu devrais savoir... — Tais-toi, petite sotte,
S'écria le pinson, car je chante le mieux ;
Admire avec quel goût j'exprime chaque note.
Mais le bouvreuil, moins querelleur,
Voyant passer un oiseleur,
Le pria d'être leur arbitre.
De conciliateur l'oiseleur prit le titre,

Et promit de juger avec toute équité.
Avant tout, leur dit-il, entrez dans cette cage ;
Plus de débats. — Oh non ! querelle en liberté
Vaut mieux, dit chaque oiseau, que paix en esclavage.

FABLE XI.

LES DEUX LIMAÇONS.

Deux limaçons, certain jour,
Chacun se vantant fort de courir le plus vite,
Se firent un défi : pour témoins on invite
    Les oisillons d'alentour.
    Aussitôt la gent ailée,
Quittant pour un moment arbres, toits ou buissons,
    S'en vient, tout d'une volée,
Pour juger le pari de nos deux limaçons.
Le signal est donné : chacun est dans l'attente ;
    Ainsi qu'aux courses d'Atalante
Étaient les héros grecs dans le stade accourus.
Il faut les voir ramper, se couvrir de poussière,
    Et, bientôt n'en pouvant plus,
S'arrêter presqu'ensemble au tiers de la carrière.
    Ah ! que d'efforts superflus !

Leur cria gente hirondelle :
Rampez, le sort le veut ; il veut qu'à l'avenir
Cette leçon vous rappelle
Qu'on doit savoir marcher avant que de courir.

FABLE XII.

LA CITROUILLE ET L'ORME.

  Advint qu'une citrouille énorme
  Dit autrefois à certain orme :
Vois mon accroissement; eh bien ! j'ai mis cent jours,
Quand d'un siècle le tien employa tout le cours.
  Dieu ! quelle différence extrême !
C'est vrai, répondit l'orme ; aussi ta vanité
  Équivaut bien à ta beauté :
Tu t'accrus promptement, tu périras de même.

FABLE XIII.

LE HÉRISSON ET LA FOURMI.

Un hérisson,
Faisant sa quête journalière,
Près d'un buisson,
Aperçoit une fourmilière;
Il s'arrête. Au même moment,
Pour le bonheur public travaillant avec zèle,
Une fourmi péniblement
Entraînait un fardeau quatre fois plus gros qu'elle.
Quel diable ainsi peut te pousser
A travailler jusqu'à te harasser?
Lui dit le porte-dard; ta folie est extrême.
Ne suis-je pas bien plus heureux
De ne vivre que pour moi-même?
La fourmi lui répond : De l'égoïsme affreux,

Hérissons, soyez les apôtres;
Des fourmis rien ne peut changer la loi :
Si je travaille pour les autres,
Les autres travaillent pour moi.

FABLE XIV.

ÉSOPE JOUANT AUX NOIX.

De folâtres enfants jouaient un jour aux noix;
Ésope, nous dit-on, se mit de la partie;
Lors un Athénien s'arrête et dit : Je vois
Que ta haute sagesse enfin s'est démentie;
Te voilà fou, bonhomme. Ésope, au même instant,
Prend un arc, le détend, et le pose par terre.
Regarde bien, dit-il, c'est là tout mon mystère;
Devine, si tu peux, toi qui fais l'important.
Soudain le peuple accourt. Se creusant la cervelle,
Il faut voir réfléchir notre pauvre moqueur :
Trois fois de son esprit l'effort se renouvelle,
Il succombe trois fois; et le vieillard vainqueur
De la sorte parla : Pour faire bon usage
D'un arc, il faut savoir le détendre à propos,

Autrement il se rompt. C'est ainsi que le sage
A son esprit parfois accorde du repos,
Pour savoir à son gré, la fatigue passée,
Le trouver de nouveau plus apte à la pensée.

FABLE XV

LE HANNETON.

Un hanneton frappait l'air de son aile ;
La vanité lui monte à la cervelle ;
Le bruit lui plaît ; il bourdonne plus fort :
Est-ce assez ? non ; toujours nouvel effort ;
Mais il rencontre un mur, et la bête s'assomme.

Tel, souvent parmi nous, qui se croit un grand homme,
Étourdi hanneton, ne fait que bourdonner ;
Grand foudre d'éloquence, ou grand foudre de guerre,
En vain par son fracas il assourdit la terre,
Ainsi que Jupiter, le fou voudrait tonner.
Humains, bourdonnez donc, contentez votre envie :
Le sage sait en paix laisser couler la vie.

FABLE XVI.

L'ÉLÉPHANT A LA COUR DU LION.

Malgré sa royauté, tout cassé de vieillesse,
Après vingt ans de règne un lion décéda.
Monseigneur le dauphin, tout bouillant de jeunesse,
Suivant l'antique usage, au défunt succéda.
Des courriers vont partout répandre la nouvelle
   De cette époque solennelle :
     Tout animal, grand ou petit,
       En est instruit,
Pour qu'aucun des sujets, sans une grave offense,
Ne puisse s'empêcher de venir, au jour dit,
Donner au gouvernant preuve d'obéissance.
Toute caverne donc, tout repaire écarté,
Par les courriers royaux est dûment visité :
    Près d'achever leur message,

Ils conduisent leurs pas jusqu'au lointain séjour
De certain éléphant qui, dès longtemps en sage,
    Vivait en paix loin de la cour.
    En vain notre vieux solitaire
    Pesta contre l'événement;
Comme un autre, au lion il fallut qu'il vint faire
    Son compliment.
    Après la fête,
    Et le régal
    Vraiment royal
    Où chaque bête
    S'en donna, parbleu, bel et bien,
    Dans une prochaine prairie
L'éléphant gravement porta sa rêverie.
Un gros ours, qui toujours s'ébahissait d'un rien,
Joignant à la sottise une grande jactance,
Aborde le penseur, et lui tient ce discours :
Tu réfléchis sans doute à l'étonnant concours
De grandeur, de noblesse et de magnificence
    Que l'on rencontre en notre roi ?
    En effet, sois de bonne foi,
Avait-on jamais vu de si belles manières ?
Comme son port est plein de grace et de fierté !
    Avec quel air de dignité

De la plus belle des crinières;
Il agite les flots ! A la cour de ses pères,
Non, jamais souverain n'a mieux représenté !
Enfin, il n'est rien qui l'égale;
Tout esprit de rebellion
S'apaise au seul penser de son ire royale...
L'éléphant l'interrompt : L'appareil qu'on étale
Ne peut me faire illusion ;
Tout à travers le roi je sais voir le lion.

FABLE XVII.

LES CHÈVRES ET LES BOUCS.

Les chèvres, un beau jour, se mirent dans la tête
De porter barbe : or donc, au plus puissant des dieux
Ces dames, sans tarder, adressent leur requête :
Sans barbe elles sont bien, avec barbe encor mieux.
Jupiter y souscrit. Les boucs, pleins de tristesse,
Jaloux de porter seuls ce signe de noblesse,
S'en plaignent hautement au souverain des cieux.
Laissez-les, leur dit-il, contenter leur caprice,
Et porter l'attribut de votre dignité ;
Je ne leur ai rendu qu'un bien faible service :
Vous l'emportez toujours en magnanimité.

J'ai fini mon récit, et voici ma morale :
Et qu'importe, en effet, que tel autre m'égale
    Par l'habit dont il est vêtu,
    Si je le surpasse en vertu ?

FABLE XVIII.

L'INDIEN ET LE CHAMEAU.

Suivant de son pays l'antique préjugé,
Un méchant garnement, dans le Gange plongé,
Croyait de cette eau révérée
Faire une ablution sacrée.
Sur ma foi,
Croyez-moi,
Volatile
Aquatile
Ne se lava jamais mieux
Que ce superstitieux.
Passe certain chameau; considérant cet homme,
Il s'arrête; mais quoi! c'est lui précisément,
Qui de coups de bâton l'accabla si souvent.
Voilà ce que lui dit notre bête de somme :
Je t'en réponds, pendant dix ans

Tu ferais le même manége,
Ton corps fût-il plus blanc que neige,
Tu perdrais ta peine et ton temps.
Je le sais, tu commis mainte action infâme;
En vain ici tu viens pour t'en laver;
Il est, vil ignorant, des souillures de l'âme
Que jamais aucune eau ne saurait enlever.

FABLE XIX.

LE TAUREAU ET LE VEAU.

Las d'être tout un jour dans le même pacage,
A travers une haie, un taureau vigoureux,
  Cherchant à s'ouvrir un passage,
De la corne et du pied s'escrimait de son mieux.
  Un veau qui le regardait faire,
Lui dit : Attends, je vais te montrer la manière
Dont tu devrais agir pour franchir ce hallier.
Paix ! repart le taureau ; tu ne viens que de naître,
Et déjà tu voudrais, ignorant écolier,
  Donner des leçons à ton maître !

FABLE XX.

L'ÉCUREUIL NAVIGATEUR.*

Un gentil écureuil, au bord d'une rivière,
Tant avait gambadé, gesticulé, sauté,
Qu'enfin, pour prendre haleine, il s'était arrêté
Tout en face d'un mont ; campé sur son derrière,
Il regarde. Ah ! dit-il, quel ravissant coup-d'œil !
Que de fleurs ! que de fruits ! la noisette et l'alise
Y promettent des mets dignes d'un écureuil.
Or ça, point de retard ; que mon esprit avise

---

* Tout le monde connaît l'agilité et la gentillesse de l'écureuil ; dans la gracieuse description que Buffon nous a laissée de cet intéressant quatrupède, voici ce que j'ai trouvé de relatif à son art de naviguer : « Il craint l'eau plus encore que la terre ; et l'on assure que, lorsqu'il « faut la passer, il se sert d'une écorce pour vaisseau, et de sa queue « pour voiles et gouvernail. » Ces mots *l'on assure* prouvent évidemment que Buffon n'a jamais rien observé de semblable à ce qu'il rapporte ; en effet, il se contente de citer, à cet égard, une dissertation de Sciero Volante. *Phil. Trans.*, n° 97, p. 38.

Aux moyens de passer par-là.
Il dit, et soudain le voilà
Qui sur le sable pousse ou traîne
Un morceau d'écorce de chêne,
Que sur le liquide élément
Il lance; et puis, hardi pilote,
Sur sa fragile galiote
Il vogue. Expliquez-nous comment.
Je n'en sais rien. Au moins sur ce prodige
Dites un mot. Je n'en sais rien, vous dis-je.
Messieurs, il vogue, et voilà tout.
Cependant des zéphyrs l'haleine protectrice
Le dirige à souhait. — Oui, le ciel m'est propice;
De rame il ne faut plus qu'un coup,
Dit-il, pour me pousser sur cette aimable rive;
Du plaisir, du bonheur, ô douce perspective !
  O transport !
  Mais un orage !..
  Il fait naufrage
  Dans le port.

FABLE XXI.

LES DEUX AGES.

Chaque âge a ses désirs, chaque âge a ses tourments.

    Certain marmot endurait le martyre
    Toutes les fois qu'il fallait lire.
Son père, qui déjà comptait ses soixante ans,
Souvent lui répétait : comme le temps s'envole;
Où sont les jours, hélas ! où j'allais à l'école ?
De ses plaintes chacun importunait les dieux :
L'un pleurait d'être jeune, et l'autre d'être vieux.

LE PÊCHEUR ET LE PETIT POISSON.

FABLE XXII.

LE PÊCHEUR ET LE PETIT POISSON.

A GIRODET,

qu'une mort prématurée a enlevé à la France, et qui, voyant le dessin de cette Fable du Pêcheur, dit à son élève Beaugard-Thil : « On ne peut faire mieux, aussi, je retiens quatre exemplaires du Recueil de votre ami. » — Girodet était poète

Au bord d'une rivière, un pêcheur en silence,
  Et planté là comme un héron,
  Après beaucoup de patience,
  Prit un pauvre petit vairon.
Alors avec dédain, considérant sa proie,
  Il lui dit : Pourquoi n'est-tu pas
Tanche ou brochet, perche, anguille ou lamproie ?
  J'aurais fait un si bon repas !
  Mais toi, chétive créature,
A peine pourrait-on te manger en friture ;

Et d'Irène ce soir je verrai la demeure ;
Notre amitié viendra m'inspirer, m'échauffer ;
Le zèle de Florval pour toi va triompher.
Il dit, part, et déjà de Damon voit la belle ;
Lui parle.... en est épris, et s'unit avec elle.

FABLE XXIV.

LES DEUX CHENILLES.

Deux chenilles échappées
　Au froid d'un hiver meurtrier,
　　Et de leur nid décampées,
　Tout au haut d'un vaste espalier,
De bourgeons en bourgeons faisaient déjà voyage,
Côte à côte rampant du matin jusqu'au soir.
Prêtons un peu l'oreille à leur tendre langage :
J'éprouve un doux plaisir à t'entendre, à te voir,
O ma sœur ! pour toujours que l'amitié nous lie :
Tout mon bonheur dépend de ce seul sentiment. —
Je le partage bien, et te fais le serment,
Ma chère sœur, de vivre et mourir ton amie.
Cependant celle-ci comptait au moins six jours
Plus que l'autre ; elle dit : Il faut faire une pause ;
Un malaise accablant, dont j'ignore la cause,

Vient s'emparer de moi, peut-être pour toujours !...
Mais sa voix faiblit et se perd ;
Tout son corps se raidit, la chaleur l'abandonne ;
Un fil blanc et soyeux par degrés l'environne :
Il en est déjà tout couvert.
A cet aspect, interdite, éperdue,
Et toute en proie en sa douleur,
Sa malheureuse et tendre sœur
Dans le tombeau croit qu'elle est descendue.
Elle allait, depuis ce moment,
De sa compagne infortunée
Visiter, chaque matinée,
Le funéraire monument.
Un jour, ô surprise ! ô merveille !
Le tombeau s'ouvre... un bel insecte ailé,
Vif et léger comme une abeille,
Un papillon auprès d'elle a volé.
Quoi ! mon amie,
Je te revois !
Viens, je t'en prie,
Viens à ma voix.
Mais le parjure
De sa parure
Se fait tout fier ;

Soudain dans l'air
Le plaisir guide
Son vol rapide.
A mainte fleur
Notre volage,
Loin de sa sœur,
Va rendre hommage.

Qu'entre vous l'amitié règne, mes chers enfants ;
Ne ressemblez jamais à l'ingrate chenille :
Et n'importe comment le hasard vous habille,
Conservez-vous toujours les mêmes sentiments.

FABLE XXV.

LE PÈLERIN ET LE MENDIANT.

A J.-P. BRÈS,

mort du choléra, à Paris, en 1832 ; souvenir d'une amitié sincère à laquelle je dois ma place parmi les fabulistes français.

Quoique pieds nus, et couchant sur la dure,
  Disait un pauvre pélerin,
  Je veux poursuivre mon chemin
Sans adresser au ciel ni plainte ni murmure.
En passant sur un pont il vit un mendiant
  Qui sans relâche, et tour à tour priant
  Notre Sauveur et sa mère Marie,
    En montrant sa jambe meurtrie,
Criait : Prenez pitié de ce pauvre affligé ;
Vous voyez que le sort ne l'a pas ménagé :
    Dans la plus affreuse bataille

Son pied fut emporté par un coup de mitraille.
Ceci fit répéter au pauvre pélerin :
    Je veux poursuivre mon chemin
Sans adresser au ciel ni plainte ni murmure :
On est plus malheureux sans pied que sans chaussure.

LIVRE DEUXIÈME.

LIVRE DEUXIÈME.

FABLE I.

LA BREBIS, LE CHIEN ET LE LOUP.

Une douce brebis fut traduite en justice,
Certain chien envers lui la disant débitrice
D'un pain. Comme témoin maître loup est cité.
Cette brebis, dit-il, a du chien emprunté,
Non pas un pain, mais dix ; et certes je m'engage
A prouver que jamais un seul ne fut rendu.
La sentence est conforme à ce faux témoignage ;
 Et la brebis, bien entendu,
 Sans appel se voit condamnée

A payer audit chien, et ce, dans la journée,
　　Ce qu'elle n'avait jamais dû.
A quelque jours de là, s'en allant au pacage,
Elle voit le loup mort sur la terre étendu :
Les dieux, dit-elle, ont pris le soin de ma vengeance,
Et le fourbe a reçu sa juste récompense.

FABLE II.

LES DEUX CYGNES.

En région hyperborée,
Deux cygnes se jouaient en paix
A travers les roseaux épais,
D'un lac; mais cette paix fut de courte durée.
Par hasard un chasseur vint là,
Et tant, de l'une et l'autre rive,
Pourchassa l'espèce craintive,
Que vers un autre lac le couple s'envola.
C'était pourtant peine inutile;
Il n'y fut pas trois jours tranquille
Qu'ailleurs il fallut s'en aller,
Car un autre chasseur vint encor les troubler.
Ils passèrent en Angleterre.
L'homme aussitôt leur fit la guerre.
En France, en Suisse, il se trouva;

Même chose en tous lieux aux cygnes arriva.
  Retournons en notre patrie,
  Dirent enfin' nos deux oiseaux;
  Voir encor la rive chérie
De notre lac natal, et voguer sur ses eaux
  Sera pour nous un bien suprême !
  Rien là de plus à redouter
  Qu'ici ; nous n'en pouvons douter :
Qu'on aille où l'on voudra, partout l'homme est le même.

FABLE III.

LE BOITEUX ET L'AVEUGLE.

Pour un boiteux il était agréable
Qu'un aveugle voulût sur son dos le porter ;
L'aveugle, cependant, trouvait insupportable,
    Non le fardeau, mais d'écouter
Ce que notre boiteux avait toujours à dire.
Or, il prend un bâton. Nous pouvons nous conduire,
Et sans risque, dit-il, à présent cheminer.
    Un gué profond s'offre sur leur passage ;
    Le boiteux crie à gauche de tourner :
    L'autre va droit, dans le ruisseau s'engage,
Et jusques à la peau le couple fut trempé ;
Cependant le voilà du péril échappé.
Plus loin le boiteux dit qu'un ravin les arrête :
Comptant sur son bâton, voulant faire à sa tête,

L'aveugle continue; et tous deux, de ce pas,
Dans le fond du ravin vont trouver le trépas.

  Ce conte prouve, ce me semble,
Que la présomption et la crédulité
  Ne peuvent pas aller ensemble
Sans trouver en chemin quelque calamité.

FABLE IV.

LA VIEILLE ET LA BOUTEILLE.

Une vieille aperçut une bouteille vide
Qui répandait au loin des restes d'un vin vieux
   Les effluves délicieux ;
La saisissant soudain, d'une narine avide
Elle aspire à longs traits la suave vapeur,
Et dit : Qu'étais-tu donc, ô divine liqueur !
Si tes restes exquis que ce vase recèle
   Ont encor pour moi tant d'attrait !

   C'est qu'une bonne chose plaît
   Jusqu'à la dernière parcelle.

FABLE V.

LA MÉSANGE ET L'AIGLE.

Sautillant, voletant de buissons en buissons,
Malgré l'hiver, malgré la rigoureuse haleine
De l'aquilon fougueux déchaîné dans la plaine,
La mésange gaîment redisait ses chansons.
    L'oiseau du maître du tonnerre,
    Ne trouvant rien de mieux à faire,
    Jusqu'à la terre descendit,
    Passa près d'elle, et l'entendit.
    Tout en face de la chanteuse
    Voici l'oiseau divin perché.
    Tu me parais bien malheureuse,
    Dit-il; j'en suis vraiment touché.
    Pauvre petite créature!
    Comment peux-tu de la froidure
    Supporter ainsi les rigueurs?

Mais comme ton plumage brille,
Paré d'agréables couleurs !
Ma foi, je te trouve gentille :
Du peuple ailé crois-en le roi.
Allons, pose-toi sur mon aile ;
Point de retard, décide-toi,
Et gagnons la voûte éternelle.
Viens, je veux montrer à tes yeux
La majesté du dieu des dieux,
Et tout l'éclat qui l'environne ;
Nous vivrons au pied de son trône.
La mésange répond : Au céleste séjour
Tu peux retourner seul ; je ne puis me contraindre
A quitter mes buissons. Adieu, merci, bonjour.

Plus on s'élève haut, plus la chute est à craindre.

FABLE VI.

L'AMATEUR ET L'HIRONDELLE.

Monsieur de Bridoison avait, suivant son goût,
Dans sa maison des champs mis des cages partout.
Combien? deux cents? trois cents? peut-être davantage :
Pour tout dire, en un mot, c'était cage sur cage.
Là vivaient rassemblés chardonnerets, moineaux,
Perroquets, merles, geais, agaces, étourneaux;
De leurs cris, de leurs chants, l'assourdissant mélange
Déchirait le tympan d'une façon étrange :
    Aussi chacun fuyait ce bacchanal,
    Digne en tout point du séjour infernal.
    Mais cette cacophonie
A Monsieur Bridoison donnait plus de plaisir
    Que la savante harmonie
Du plus bel opéra : c'était tout son désir.
Notre homme cependant n'avait point d'hirondelle;

Il en séchait d'ennui. L'épervier, certain soir,
Par l'air en poursuit une; elle entre en son manoir :
Notre homme la saisit. Que tu me parais belle !
  Lui dit-il; je peux, dieu merci,
  Te loger dignement ici :
Or ça, dépêchons-nous, entre dans cette cage;
Que j'entende à loisir ton joli babillage.
  Mais, dis-moi, quel esprit mutin
Te fait mouvoir? veux-tu te rompre la cervelle?
  Calme-toi donc, petit lutin.
Ne trouverais-tu pas ta demeure assez belle?
Eh bien, tu vas quitter cette cage de fer
Pour ces barreaux dorés; allons, petite folle,
Ta porte s'ouvre, viens. Mais, prompt comme l'éclair,
Au nez de l'amateur notre oisillon s'envole,
Et nous prouve, en dépit de monsieur Bridoison,
  Qu'il n'est point de belle prison.

FABLE VII.

L'ÉLÉPHANT ET L'OISEAU DE PARADIS.*

Voyageant en Asie, un éléphant jadis
Vit un oiseau qui dit : Puisque la circonstance
Me fait trouver ici, jouis de ma présence,
Et contemple à ton gré l'oiseau de paradis.
Avant de m'avoir vu, par ce beau nom, peut-être,
Tu crus te figurer la splendeur de mon être ?

---

* L'oiseau de paradis, *après le Phénix*, est peut-être celui qui a donné lieu aux contes les plus absurdes : c'est ainsi que l'on a débité et cru, pendant long-temps, qu'il n'avait point de pieds ; que la rosée était son unique aliment ; qu'il volait sans cesse, même en dormant, etc. Ce bel oiseau est surtout remarquable par le volume et la singularité de sa fausse queue, formée, de chaque côté, par quarante ou cinquante plumes *subalaires* à bandes effilées et séparées, et dont les entrelacements divers forment un tissu à larges mailles, et pour ainsi dire transparent ; par les deux longs filets qui naissent au-dessus de la queue véritable, et enfin par les diverses couleurs qui embellissent les plumes de sa tête, de sa gorge, de sa poitrine et de son dos, couleurs qui sont changeantes et donnent des reflets aussi variés que les différentes incidences de la lumière. *Voyez* Guéneau de Montbeillard, *Histoire naturelle des Oiseaux*.

À présent que tu peux en juger par tes yeux,
Reconnais, aux couleurs que tout mon corps étale,
Que nul oiseau sous les cieux
En parure ne m'égale.
On parle tant du paon ! eh bien !
Si tu l'as vu, tu conviendras, je gage,
Que c'est en vain qu'on vante son plumage,
En tout mesquin auprès du mien.
Lassé de tant de jactance,
Ainsi parla l'éléphant :
Pour le sage, mon enfant,
Et le nom et l'habit sont de peu d'importance.

FABLE VIII.

LE HÉRON ET LA LOUTRE.

Durant les forts hivers, est-il dans la nature
De plus souffrant individu
Que le héron? De froid tout morfondu,
Souvent trois jours entiers il manque de pâture.
Dans une eau de fontaine, un jour que cet oiseau
De ses longs pieds et sonde et fouille,
Pour trouver dans la vase écrevisse ou grenouille,
Sans sortir de son antre, allongeant le museau,
Une loutre lui dit : Ah, pauvre misérable !
Que tu me fais de peine à voir !
— Dame loutre avait là, point notable en ma fable,
De maint et maint poisson plus d'un bon réservoir. —
Le héron répondit : Cesse envers moi de feindre :

De poissons, je le sais, on te voit regorger :
Pourtant, vil animal, tu ne fais que me plaindre,
Quant tu pourrais me soulager.

FABLE IX.

LE CHASSEUR ET LE CHIEN.

Plein de courage, un chien servit longtemps son maître
　　Contre les hôtes de nos bois;
　　Mais le destin lui fit connaître
　　Que tout est soumis à ses lois :
Le pauvre chien des ans a ressenti l'outrage.
　Un loup vient-il s'offrir sur son passage,
Il le saisit encor; mais bientôt aux abois,
Hélas! la proie échappe à sa dent émoussée.
Son maître le gourmande; à sa voix courroucée,
Notre vieux chien répond d'un air triste et confus :
La force m'abandonne et non pas le courage;
　　Faut-il qu'on me blâme, à mon âge,
　　De n'être plus ce que je fus !

FABLE X.

LES RUISSEAUX ET LA RIVIÈRE.

Maints petits ruisseaux, dans leur cours,
  Après mille et mille détours,
Avec un doux murmure allaient verser leur onde
Dans certaine rivière et rapide et profonde,
Qui, toujours en grondant précipitant ses flots,
Pleine d'un fol orgueil, leur adressait ces mots :
Le sort vous fit jaillir de bien chétive source,
Puisqu'ici vous trouvez le but de votre course.
Je vous permets pourtant de vous perdre en mes eaux;
Tel est mon bon plaisir : soyez mes tributaires. —
Tais-toi, répondent-ils, sans nous, petits ruisseaux,
  Il n'est point de grandes rivières.

Vous qui semblez placer votre souverain bien

Dans une fragile couronne,
D'où vient votre grandeur ? dites, qui vous la donne ?
Rois, ce sont vos sujets ; sans eux vous n'êtes rien.

FABLE XI.

L'ABEILLE ET L'ARAIGNÉE.

Une abeille avait fait un assez long voyage;
Elle apportait des fleurs le tribut précieux;
Dans les rets d'Arachné la pauvrette s'engage.
    A l'instant l'insecte odieux
La voit, accourt, et, plein de son horrible joie,
    S'en va pour dévorer sa proie.
Mais voilà que soudain, affrontant son malheur,
L'abeille le repousse, et dans cette journée
    Lui prouve bien ce que peut la valeur.
    Dame Arachné, fort étonnée,
    Au même instant change d'humeur;

Puis elle dit à sa captive :
Je te sais courageuse, industrieuse, active,
 Et je jure, sur mon honneur,
 De te donner la liberté, la vie,
  Si tu veux faire le serment
 De me livrer, au gré de mon envie,
Dix de tes sœurs ; accepte, ou meurs en ce moment.
Sans répondre un seul mot, l'insecte ailé s'élance.
  Avec intrépidité,
  Avec rage et cruauté
Arachné vient aussi : le combat recommence ;
 L'une met en jeu tout son art :
Ou plie ou tend ses bras pour saisir sa victime ;
L'autre à coups redoublés va frappant de son dard,
  Qu'un juste courroux envenime.
 En ce moment, ô coup heureux du sort !
  Plusieurs abeilles en campagne
 Passent par là, délivrent leur compagne ;
  Et frappent du coup de la mort
  Cette Arachné si criminelle.
  A la république fidèle,
  Notre abeille fait à ses sœurs
  Le récit de son aventure ;
Elle achève en ces mots : Voici de mes malheurs

La principale conjoncture :
Pour racheter mes jours, il fallait vous trahir ;
Eh bien, pour vous j'allais mourir !

FABLE XII.

LE PÈRE AVARE ET LE FILS PRODIGUE.

Maigri par l'avarice, un septuagénaire
De son fils déplorait la prodigalité;
Ce dernier, jeune encor, reprochait à son père
De faire d'un métal une divinité.
Mais tous deux vont leur train : plus le vieillard amasse,
De prodiguer ses biens moins le jeune se lasse.
    Enfin, de leur contraire excès
    Ils connurent l'extravagance :
Chacun mourut de faim, bien digne récompense !
Le fils dépensait trop, le père pas assez.

FABLE XIII.

LA CIGOGNE ET L'AUTOUR.

Une cigogne apportait la pâture
A ses petits ; elle vit un autour
Qui comptait bien en faire sa capture :
Il fond sur eux ; la cigogne, à son tour,
Sur lui s'élance, et le combat s'engage.
Jamais tant de fureur, jamais tant de courage
Ne s'étaient vus entre deux combattants ;
Coups d'aile et coups de bec marquaient tous les instants.
Cependant l'autour cède : un arbre faisait face
Au nid de la cigogne ; il s'y perche, et soudain,
Cachant tout son dépit sous un air de dédain,
C'est ainsi que parla cette bête rapace :
Au lieu de t'exposer à ce cruel danger,
N'aurais-tu pas mieux fait de me laisser manger
Un de tes fils ? allons, dis, ma commère ?

La cigogne répond : Vil brigand ! ne crois pas
Qu'on puisse jamais être assez coupable mère :
Te livrer mes enfants ! mieux cent fois le trépas.

FABLE XIV.

LE PAPILLON ET LE FRELON.

Au sein des fleurs qui peuplaient la prairie,
A folâtrer passant toute sa vie,
Et n'écoutant que d'innocents désirs,
Un papillon promenait ses plaisirs.
Son plus doux soin était celui de plaire,
Mais il n'aimait que pour un seul instant;
Et des amours du petit inconstant,
A son tour chaque fleur devenait tributaire.
A l'humble violette il s'adressait un jour,
Lorsqu'un lâche frelon, venant du voisinage,
Se pose près de lui; mais, redoutant sa rage,
Le papillon plus loin s'en va faire sa cour.
 Au même instant l'insecte parasite
 Vole après lui. Qu'est-ce donc qui t'irrite?
Contre moi quelle cause excite ta fureur?

T'ai-je fait quelque mal? mais non, ta seule envie
Est de troubler ma paix et mon bonheur.
Lors le frelon, plein de furie,
Ne répondit qu'avec son aiguillon,
Dont il blessa le pauvre papillon;
Mais le coup qu'il frappa lui fit perdre la vie.

Ah! pourquoi, parmi nous, maint ignoble frelon
Peut-il, versant à tant la page
Tout le venin que distilla sa rage,
Donner impunément tant de coups d'aiguillon?

FABLE XV.

LA PHILOSOPHIE, LA SCIENCE ET LA PAUVRETÉ.

La Philosophie en voyage,
Fuyant le chaume du village,
Des palais fuyant les lambris,
Arrive au cinquième étage
De certain logis de Paris,
Précisément où la Science
Et la Pauvreté,
De société,
Avaient fixé leur résidence.
Pan, pan! venez m'ouvrir; veuillez me recevoir. —
Mais qui?—C'est moi.—Qui vous?—Votre meilleure amie.—
Avant tout, votre nom? — C'est la Philosophie. —
Bon! nous ouvrons... entrez... Quel plaisir de vous voir!
Venez nous consoler : la gloire et la fortune
D'ici semblent vouloir ne jamais s'approcher. —

La déesse est aveugle; en vain on l'importune,
Dit la Philosophie, elle va se nicher
    Chez l'Ignorance et la Sottise :
    Souvent même elle favorise
    Le crime en ses plus noirs projets;
    Chez la Vertu, chez la Science,
    On ne la voit presque jamais.
    Consolez-vous de son absence :
On peut par son génie, on peut par ses hauts faits
Mériter une place au temple de mémoire.
Mais de Caton, d'Homère, ignorez-vous l'histoire?
Soumis toute leur vie à la haine du sort,
Homère meurt de faim, l'autre court à la mort
Avant d'avoir goûté les doux fruits de la gloire.
Sur la mer de la vie en vain je cherche un port;
Je résolus jadis d'habiter le village,
Mais de l'homme des champs l'ignorance, l'erreur,
Les préjugés grossiers sont encor le partage;
Ils voulaient m'attaquer : je n'étais pas d'humeur
A soutenir l'assaut. J'ai fait un autre thème,
Et me suis, sans tarder, présentée à la cour ;
Mais une basse intrigue, une arrogance extrême,
Les vices, ternissant l'éclat du diadème,
Des flatteurs et des rois m'ont fait fuir le séjour.

Je viens vivre avec vous. Ainsi puisque ce jour,
　Mes sœurs, en ce lieu nous rassemble,
　De nous quitter nous aurions tort ;
　Nous résisterons mieux ensemble
Aux coups de la fortune, aux caprices du sort.

FABLE XVI.

LE LION DEVENU ROI.

Certain lion, non pas celui de Rome,
  Ce lion reconnaissant;
Mais bien Griffard-le-Grand, s'il faut qu'on vous le nomme,
  Était un roi tout puissant.
Au plaisir de la chasse un jour qu'il s'abandonne,
Qu'il parcourt à son gré les vallons et les bois,
Un caillou blesse au pied son auguste personne;
— Un rien souvent met un prince aux abois. —
  Sur un brancard il faut porter le sire;
On arrive; il est mis sur son lit de repos;
On s'empresse, on le soigne, on le panse à propos;
A le voir, on dirait qu'il souffre le martyre.
Cependant il guérit; mais il est tout honteux
De boiter quelque peu. Pour montrer sa puissance,
Il se rend au sénat, et, par une ordonnance,

Décide qu'à sa cour chacun sera boiteux.
Arrivé depuis peu, d'une allure pareille
Un singe était surpris ; on lui dit à l'oreille :
    La chose aisément se conçoit ;
Quand le monarque boite, on ne peut marcher droit.

FABLE XVII.

LE CHIEN DE L'HOSPICE ET LE JEUNE ENFANT.

A LEBAILLI, FABULISTE,

que la mort a frappé précisément lorsqu'il se disposait à publier une histoire des fabulistes français. Je me souviens que, l'ayant rencontré, bien par hasard, chez mon imprimeur Pinard, et le conduisant chez le libraire Ignotte, pour lui offrir quelques exemplaires de mon Recueil, il me récita, chemin faisant, le Chien de l'Hospice avec un charme que j'aime à raviver en consacrant cette fable à sa mémoire.

Il est un mont fameux, de frimas couronné,
Où l'hiver, asseyant son éternel empire,
Sans cesse fait la guerre à tout ce qui respire;
Où le rude aquilon, sans cesse déchaîné,
Soufflant avec fureur tout autour de la cime,
De la neige glacée ébranle les amas,
Les fait tomber en bloc, et d'abîme en abîme
Projette l'avalanche avec un long fracas.
Le père des saisons, poursuivant sa carrière;

LE CHIEN DE L'HOSPICE ET LE JEUNE ENFANT.

Vainement sur ce mont, de son char radieux,
Lance ses traits : l'Hiver oppose la barrière
De ses vastes glaçons, tout brillants de lumière,
Mais qu'il ne peut jamais pénétrer de ses feux.
Que jamais en ces lieux nul mortel ne s'arrête ;
Que l'effroi du danger précipite ses pas ;
Il marche environné de perfides frimas :
La mort est sous ses pieds, la mort est sur sa tête.
    Là, des sapins, des mélèses épars,
    Tristes enfants d'une stérile terre,
Quelques aigles, bravant cette froide atmosphère,
Du passant contristé frappent seuls les regards.
C'est là, c'est sur ce mont que, sentant en son ame
De l'amour du prochain brûler la douce flamme,
Saint-Bernard, emporté d'un élan généreux,
Établit un asile ouvert aux malheureux.
C'est là, depuis ce temps, pour secourir leurs frères,
Qu'imitant ses vertus, prisonniers volontaires,
Des hommes, dans les jours du passant redoutés,
Quand la brume, ou la neige ôte au ciel ses clartés,
Ou bien quand par degrés le jour fait place à l'ombre,
Explorent les chemins pour diriger les pas
Du pauvre voyageur que maint et maint encombre
Menace à chaque instant du plus affreux trépas.

Mais, du génie humain précieuses ressources !
Des chiens dressés par eux les suivent dans leurs courses,
Partagent leurs dangers, secondent leurs travaux;
Souvent même on a vu ces savants animaux
Retenir un passant au bord du précipice.
Du mont Saint-Bernard donc, sorti seul de l'hospice,
Un de ces chiens suivait les sentiers périlleux ;
Déployant en tout lieu sa rare intelligence,
Il promenait partout des regards curieux ;
Un objet éloigné s'est offert à ses yeux.

 A cet aspect promptement il s'avance.

 Qu'aperçoit-il ? ô ciel ! un jeune enfant
Dormant paisiblement sous une affreuse voûte
De neige et de glaçons. En cet endroit, sans doute,
La terrible avalanche a, dit-il, en tombant,
Dans l'abîme emporté ta malheureuse mère.

 Pauvre petit infortuné !
Tu me remplis le cœur d'une douleur amère ;
Mais puisqu'à te sauver le ciel m'a destiné,
Empressons-nous. Il dit ; près de lui fait entendre

 Un salutaire jappement,

 L'agite par son vêtement.
L'enfant s'éveille, a peur ; mais de l'air le plus tendre
Sur lui fixant les yeux, le chien parle en ces mots :

Mon aspect t'a surpris, que ma voix te rassure ;
Je t'engage, je te conjure,
Sans tarder un instant, de monter sur mon dos.
De l'enfant la crainte se passe :
Enfin le chien si bien parla,
Que sur sa molle échine enfourché le voilà ;
De ses petites mains doucement il embrasse
Le col de son coursier, qui, plein d'agilité,
Et fier de son fardeau, remonte vers l'hospice.
Par ce bon animal se sentant emporté,
Le jeune écuyer dit : D'un aussi grand service,
De tant de peine et de bonté
Quelle sera la récompense ?
Quel terme donnerai-je à ma reconnaissance ?
Je ne suis qu'un enfant, hélas ! je ne puis rien ;
Mais un jour, crois-moi, je l'espère... —
Laisse-là ce souci ; le plaisir de bien faire
Doit suffire aux bons cœurs, lui répondit le chien.
Il ajouta ces mots : Seulement, lorsque l'âge
Aura multiplié le nombre de tes ans,
Songe à moi quelquefois ; n'imite point ces gens
Que l'on voit prodiguer et les coups et l'outrage
A d'infortunés animaux,
Les compagnons de l'homme, à ses ordres fidèles,

De ses maisons, de ses troupeaux
Incorruptibles sentinelles,
Qui, partageant ses plaisirs et ses maux,
Qui, bravant pour l'ingrat une main ennemie,
Et relevant son courage abattu,
Quand un fer assassin vient menacer sa vie,
Lui donnent si souvent des leçons de vertu.

FABLE XVIII.

LE GRILLON.

Les grillons viennent habiter
Les réduits de ma cheminée ;
De l'un d'eux je vais raconter
Comment finit la destinée.
Plein de joie, il disait un soir :
Dieu merci, ma fortune est faite ;
Or, mes amis, venez me voir,
Je possède à présent la plus belle retraite.
Ma foi, ce vieux grillon fit bien de trépasser
    Pour me la laisser.
Voyez comme elle se divise
En bon nombre d'appartements ;
J'y veux vivre tout à ma guise,
Et je pourrai sans peine y loger mes enfants.
Je ne craindrai plus la détresse ;

J'aurai toujours ici de quoi bien me nourrir.
Oui, le ciel me présage un heureux avenir.
Que de jours de bonheur ! que de jours d'allégresse !
En achevant ces mots il quitte son réduit;
    Il croit pouvoir trotter sans crainte;
Mais un jeune matou l'aperçoit, le poursuit;
De sa patte déjà grillon ressent l'atteinte.
   Grillon se meurt, grillon est mort.

    Voilà pourtant les coups du sort;
      Voilà l'étrange folie
     De trop compter sur la vie.

FABLE XIX.

LE MULOT ET LA TAUPE.

Dans leur demeure souterraine,
Le mulot et la taupe étaient proches voisins :
C'était là que chacun faisait ses magasins.
Que ma maison toujours de mes amis soit pleine,
Disait seigneur mulot ; je veux mener grand train :
Point de dîner chez moi sans y faire bombance.
Or, tout se dévorait, et les fruits et le grain.
La taupe vivait bien, mais sans trop de dépense.
De leur conduite enfin voici le résultat :
Le mulot mangea tout ; de la taupe, au contraire,
Les affaires étaient dans le meilleur état.
Un soir que le mulot déplorait sa misère,
  Et s'écriait : Ah ! quelle maigre chère !
Je n'ai pour mon souper que le quart d'une noix !
  La taupe alors fit entendre sa voix,

Et dit : Je savais bien qu'il faudrait en rabattre ;
Si dans maints dîners copieux
Tu n'avais pas mangé pour quatre,
A présent, mon ami, tu pourrais souper mieux.

FABLE XX.

LE ROSSIGNOL ET LE SERPENT.*

Un jeune rossignol chantait sous le feuillage :
 Certain serpent, et des plus fins matois,
 Qui près de lui rôdait en tapinois,
Le voit, et par ces mots interrompt son ramage :
Jamais, foi de serpent, jamais, sur mon honneur,
— Je crois être pourtant le plus vieux du bocage —
Je n'entendis la voix d'un chantre si flatteur :
 Je viens aussi te rendre hommage.
L'oiseau, plein de fierté, chante avec plus d'ardeur.
Serpent de répéter : Jamais, sur mon honneur,
— Je crois être pourtant le plus vieux du bocage —

---

* Cette fable, qui a quelques traits de ressemblance avec celle de M. Gosse, intitulée *le Rossignol et le Renard*, a été faite plusieurs années avant que je n'eusse lu le recueil de ce fabuliste.

Je n'entendis la voix d'un chantre si flatteur.
 Mais, mon enfant, approche davantage;
 Je t'entends bien, mais je ne te vois pas :
Mes yeux sont affaiblis par ma grande vieillesse;
Approche, donne-moi ce signe de tendresse;
Ton plus sincère ami veut, avant son trépas,
Pouvoir te contempler; viens donc pour lui complaire.
L'orgueil le rend docile à la voix du serpent,
Qui siffle, fond sur lui, l'atteint, et sous sa dent
 L'emporte au fond de son repaire.

Jeunes gens qui croyez avoir, par vos talents,
 Des titres à la renommée,
Redoutez parmi vous beaucoup d'hommes-serpents
 A la louange envenimée.

FABLE XXI.

LA SOURIS ET LE CHAT.

Une souris mange un livre,
Et croit que tout l'esprit en sa tête est logé;
Elle dit : Par mon art qu'on apprenne à mieux vivre;
Guerre ouverte à l'erreur, au vice, au préjugé !
Mes sœurs, écoutez donc : Vous n'avez qu'à me suivre,
Le naturel du chat pour moi sera changé;
Il verra jusqu'où va ma puissante éloquence.
  A l'instant Rodilard s'avance;
  Et le matou, quoiqu'affamé,
Paraît très attentif au discours entamé.
La voix de la souris n'eut jamais tant de charmes.
Le bon apôtre aussi feint de verser des larmes.
A son air de douceur et de compassion,
La souris compte bien sur sa conversion.
De plus en plus s'accroît sa magique éloquence;

Chacun paraît ému jusques au fond du cœur.
Mais, pressé par la faim, Rodilard, qui s'élance,
Au plus beau du discours emporte l'orateur.

FABLE XXII.

LE JEUNE CHEVAL ET LE VIEUX.

Chez certain fameux maquignon,
Un jeune cheval vit que son vieux compagnon
Portait superbe selle avec bride dorée.
Pourquoi n'aurais-je pas la tête ainsi parée?
Lui dit-il; et sais-tu, réponds de bonne foi,
Le jour où je dois être équipé comme toi? —
    Trop tôt, répondit son confrère,
    Tu verras combler tes désirs;
  Mais tu n'auras que souffrance et misère,
  Où tu ne vois aujourd'hui que plaisirs.
    Bride d'or n'est jamais légère.
En effet, aussitôt qu'il eut fini ces mots,
On arrive au cadet; on le selle, on le bride,
Et déjà maquignon enfourché sur son dos,
Bon gré, malgré, le mène, et le tient, et le guide.

Dès lors, quand il fallut qu'il rongeât rude mors,
Par sangle et cavalier qu'il se sentît étreindre,
Le bidet de ses vœux éprouva des remords;
Même toute la nuit on l'entendit se plaindre;
Ce qui fit dire au vieux : Souffre, tu le voulus :
Le mal fait, les regrets deviennent superflus.

FABLE XXIII.

LE HOBEREAU ET LES PETITS OISEAUX.

Messire hobereau, non pas de cette race
Qui se nichait jadis en de gothiques tours,
Et, pour le laboureur, fut race de vautours;
N'en parlons plus, la France a pris une autre face :
  C'est d'un oiseau, tyran des airs,
  Que je veux parler en mes vers;
  Oiseau connu de tout le monde :
  Plus de cent toises à la ronde,
 Quand il planait au-dessus des sillons,
  Il faisait fuir les pauvres oisillons.
Ils fuyaient, mais en vain; sous sa serre cruelle
  Chaque jour victime nouvelle.
Sans fin par ce brigand nous verrons-nous croquer?
Dit l'un d'entr'eux; non, non, pour sauver notre vie,
Frappons tous à la fois cette bête ennemie...

Le hobereau fend l'air : il veut les attaquer;
Mais à grands coups de bec, on lui fait résistance.
Redoutez, leur dit-il, le jour de ma vengeance;
Il n'est pas éloigné : n'importe en quel endroit...
L'oisillon l'interrompt : La paix, ou point de grâce.
Pour toi, nous le savons, la force fait le droit;
Mais nous sommes unis et bravons ta menace.

FABLE XXIV.

LA SANTÉ ET LE VOYAGEUR.

Certain homme venait de quitter son village ;
Et, grand train, de Paris il suivait le chemin.
La Santé ce jour-là faisait aussi voyage ;
Elle avait endossé l'habit de pélerin.
Elle était en avant ; mais elle allait moins vite :
Le voyageur l'atteint ; il va la dépasser.
La déesse lui dit : Confrère, je t'invite
A ralentir ta fougue, à ne pas te lasser
Ainsi dès le départ. Allons de compagnie ;
De marcher toujours seul un voyageur s'ennuie.
C'est en vain qu'elle parle, il ne l'écoute pas ;
Même de plus en plus il allonge le pas.
La déesse ajouta : Tu m'attendras, j'en jure ;
Je veux, avant la nuit, te voir changer d'allure.
En effet, par degrés sa force s'épuisait,

Lorsque de la Santé la marche était égale.
À chaque pas aussi que notre homme faisait,
Entr'eux, dès ce moment, décroissait l'intervalle.
Il veut toujours aller, quoiqu'il n'en puisse plus ;
Cependant ils ne sont qu'à dix pas de distance.
Suspends, dit la Santé, des efforts superflus :
Elle dit, et soudain à son tour le devance.
Attends, s'écria-t-il, je reconnais mon tort ;
  Écoute-moi, je t'en supplie.
La déesse poursuit. Prends pitié de mon sort,
  Le repentir suit ma folie ;
Me laisseras-tu seul ici passer la nuit ?
Je t'en conjure, attends ; mais la Santé s'enfuit.

FABLE XXV.

LA SAUTERELLE.

Le villageois, poursuivant ses travaux,
Faisait tomber sous le fer de sa faulx
      L'herbe fleurie
      De la prairie.
      Zéphyr gémit,
      L'abeille fuit,
      La sauterelle,
      Jouant de l'aile
      Et du jarret,
      Part comme un trait.
      Que dira Flore ?
      Le papillon,
      Son postillon,
      Vient et déplore
      De ses sujets

La destinée;
Mais, vains regrets!
L'heure est sonnée;
Et, dans son cours,
Fuyant toujours,
Le temps qui passe,
Vieux et jaloux,
Laisse la trace
De son courroux.

Mais oublions et Flore et son empire,
Le papillon, l'abeille et le zéphyre.
Ne parlons plus des injures du temps,
Et revenons à notre sauterelle;
Nous lui devons encor quelques instants.
Or donc, amis, la dame ou demoiselle...
— Pourquoi, dit-on, ne pas fixer ce point? —
Eh bien! voilà la dame au vert pourpoint,
Par sauts, par bonds, faisant gaîment voyage,
Qui d'un ruisseau gagne enfin le rivage.
Sans mesurer la largeur du courant,
A le franchir l'insecte ailé s'apprête;
Certain grillon lui dit : Ma sœur, arrête:
Tu veux sauter? bien! mais auparavant...
A peine a-t-il fini cette parole;

Qu'au sein de l'eau s'en va choir notre folle.
Quoi qu'il en soit, à force de nager,
Et grâce encore au grillon débonnaire,
Qui voulut bien la secourir en frère,
La sauterelle échappa du danger.

Lorsqu'en tyran l'amour-propre nous guide,
Minerve en vain nous prête son égide.

LIVRE TROISIÈME.

LIVRE TROISIÈME.

FABLE I.

LE VOLEUR, LE CHIEN ET SON MAITRE.

Salut, dit un voleur, profonde obscurité !
Je puis faire mon coup avec sécurité ;
   Car, dans la ville,
   Tout est tranquille,
  Et l'horloge a sonné minuit.
  Il dit, chemine à petit bruit ;
Il grimpe sur un mur : voyez-le se suspendre
Du côté d'une cour ; il est près d'y descendre ;
   Mais un chien fidèle,
   Faisant sentinelle,

L'entend, accourt, et se met à japper.
Notre voleur est prompt à regrimper.
Vainement ce nouveau Cartouche
Adoucit, contrefait sa voix :
Viens, mon toutou !.. Rien ne le touche :
Ses jappements redoublent cette fois.
On lui jette du pain ; infructueuse peine !
En vrai Cerbère il se démène ;
Pour le voleur point de répit ;
Si bien qu'enfin il déguerpit.
Mais voyons ce qu'au chien gardait la destinée.
Du lever du bourgeois déjà l'heure est sonnée ;
Il vient, siffle Pluton : va-t-il le caresser ?
Non pas, il l'appelait exprès pour le rosser.
Durant toute la nuit japper à tête fendre,
Et troubler mon sommeil ! cela vaut du bâton. —
Hélas ! si j'aboyais, dit le pauvre Pluton,
C'était pour te défendre.

FABLE II.

L'AIGLE ET L'ESCARGOT.

Prenant un jour congé du plus puissant des dieux,
 Et s'élançant de la voûte des cieux,
 L'aigle, d'un vol plein de force et d'audace,
De l'Olympe à la terre avait franchi l'espace.
Un chêne le reçoit ; sur ses rameaux épars
Le voyageur ailé promène ses regards.
 Qu'aperçoit-il à travers le feuillage ?
 Un escargot : le plaisant personnage !
Je ne m'attendais pas à le rencontrer là,
Dit-il ; mais parlons-lui. Camarade, holà !
A ma voix, s'il te plaît, prête un moment l'oreille.
Un escargot si haut me semble une merveille :
 Que diable viens-tu faire ici ?
 Crois-moi, tu n'es pas à ta place. —
Qu'importe ? répond l'autre, après tout m'y voici.

Pour le punir de tant d'audace,
L'aigle, d'un coup de bec le faisant décamper,
Sur la terre aussitôt le renvoya ramper.

FABLE III.

LE TORRENT ET LA RIVIÈRE.

Un torrent s'est formé de la neige des monts ;
Il roule avec fracas ses bouillonnantes ondes,
Et, courant à travers les campagnes fécondes,
De l'habitant des champs ravage les moissons ;
L'effroi le suit partout. D'un tel bruit toute fière,
Sa naïade insultait celle d'une rivière,
  Qui, sans répondre à ses propos,
Promenait à pleins bords de majestueux flots.
Mais la neige n'est plus. Ce torrent qui naguère
Faisait tant de fracas, décroissant tous les jours,
  A la fin, ruisseau misérable,
  Luttant contre des bancs de sable,
Tombe dans la rivière, et s'y perd pour toujours.

Toi, dont cette rivière est la fidèle image,

Et qui laisses, comme ses eaux,
Couler sans bruit tes jours égaux,
Cher Raymond, contemple en vrai sage
Ce superbe mortel qui croit tout affronter;
N'imaginant point de barrière
Qui jamais le puisse arrêter.
Mais sa grandeur n'avait qu'une faible origine :
Déjà nous le voyons toucher à sa ruine :
Et peut-être demain l'homme aujourd'hui si fier
Rampera sous celui qu'il insultait hier.

FABLE IV.

LE PETIT CHIEN ABOYANT CONTRE LES GROS.

Souvent au Luxembourg je vois certain bichon
Cher bijou d'une vieille, et vrai chien de manchon,
Qui contre les mâtins sans cesse se démène
  Comme un petit énergumène,
   Et, pire cent fois qu'un basset,
Afflige le tympan de son aigre fausset;
Même j'ai vu parfois ce bichon téméraire
Aux dogues redoutés oser livrer la guerre.
  Mais qu'arrive-t-il? presque tous,
N'apercevant en lui qu'une pauvre pécore,
  Et méprisant son vain courroux,
  Sont bien loin quoiqu'il jappe encore.
   Si quelque dogue plus ardent,
   A ce bichon vient faire face,
   Et lui montrer un peu la dent,

Et vite, et vite,
Il prend la fuite.

Vous avez, dit quelqu'un, fait un conte, c'est bien ;
Mais, s'il vous plaît, qu'y vois-je ? un pauvre petit chien
En vain contre les gros jappant à toute outrance.
    Moi, de beaucoup d'hommes j'y vois
La débile raison, qui n'élève la voix
Que quand leurs passions restent dans le silence.

FABLE V.

LE RAT ET LE CHAT.

IMITATION D'UN FABULISTE POLONAIS.

Dans certaine petite église
Que j'ai vue autrefois, je ne sais en quel lieu,
Où quelques neveux de Moïse
Chaque dimanche allaient rendre hommage à leur dieu,
Quoique déjà le temps l'eût mise
Dans le plus piteux des états ;
Car les oiseaux de nuit, les souris et les rats
La disputaient aux saints ; souvent même la bise,
Entrant insolemment par les trous des vitraux,
Du roi Nazaréen éteignait les chandelles,
Et par ici, par là, le défaut des carreaux
Y faisait trébucher les ouailles fidèles.
Dans cette église donc — le fait est curieux —
S'asseyant sur l'autel, un rat après la messe,
Dans son ineffable liesse,

A ses frères et sœurs criait tout glorieux :
Venez me contempler, partagez mon ivresse ;
Du fond de l'encensoir la suave vapeur
S'élève ici pour moi. Cependant, lorsqu'il hume
Du parfum mal éteint quelque reste qui fume,
Un de ces gros matous, favori du pasteur,
Qui se tenait tapis près de là dans un angle,
D'un bond arrive à lui, le saisit et l'étrangle.

   Voilà fort souvent,
   Cerveaux pleins de vent,
  Gens affamés de renommée,
Ce qu'on gagne à vouloir se nourrir de fumée.

FABLE VI.

TÉLÉMAQUE ET CERBÈRE.

MINERVE, grâce à ta présence,
Éludant du destin la suprême puissance,
Télémaque jadis, dans la barque à Caron,
  Traversa le noir Achéron.
Mais ce n'était pas tout. Voici l'affreux Cerbère,
De son triple gosier exhalant sa colère,
   Qui de terreur
   Glaça son cœur ;
   Tout le Tartare
   Au loin redit
   Le tintamare
   Du chien maudit.
Cependant, prémuni d'un gâteau narcotique
Tout semblable à celui que la Sibylle antique
Autrefois composa pour le héros troyen,

Le prince, par degrés rappelant son courage,
Jette au formidable gardien
Cet infaillible appât. Bientôt le triple chien
Sent malgré lui mourir sa rage ;
Sous le poids du sommeil, succombant à la fin,
Comme une lourde masse il tombe en sa caverne.
Franchissant aussitôt la porte de l'Averne,
Le prince poursuit son chemin.

Que de gens parmi nous ressemblent à Cerbère !
Jetez-leur un gâteau, soudain ils vont se taire.

FABLE VII.

LE PINSON ET LE ROSSIGNOL.

Un vieux pinson,
Dès les premiers beaux jours répétant sa chanson,
Disait au rouge-gorge, au merle, à la linotte :
Je suis maître de chant; prenez une leçon :
Voici comme on débute; entendez-vous ce son?
 Prenez bien garde à cette note;
 Faites ici trois tons égaux,
Et bientôt dans nos bois vous serez sans rivaux.
 Caché sous le prochain feuillage,
Et fatigué d'entendre un semblable langage,
Un jeune rossignol près du pinson vola;
 Voici comment il lui parla :
Ton ramage, il est vrai, n'est pas sans harmonie;
Mais du grave à l'aigu tu passes tout d'un trait,
Et de là tes accents perdent beaucoup d'attrait;

Quelque peu de monotonie
Leur nuit également.... — C'est assez : halte-là !
S'écria le pinson ; par ma foi, j'aurais honte
De tenir compte
Des avis d'un blanc-bec. Il dit, et s'en alla.

Ceci n'a rien qui doive nous surprendre :
Comme plus d'un vieux professeur
Bien arrogant, bien radoteur,
Ce pinson aimait mieux enseigner que d'apprendre.

FABLE VIII.

LES DEUX RAMIERS.

Deux timides ramiers, soumis au doux servage
D'un mutuel amour, passaient leurs jours en paix
    Au fond d'une forêt sauvage;
    Ils n'en sortaient presque jamais.
Chaque printemps, c'est là qu'ils faisaient leur couvée;
C'est là que, bons amis, bons époux, bons parents,
Ils prenaient le doux soin d'élever leurs enfants.
    Peine et plaisir, joie et corvée,
    Bref, tout était commun entr'eux :
Mais hélas! ici bas est-on toujours heureux?

Bientôt une heure infortunée
Vint de nos deux ramiers changer la destinée.
Un cruel épervier, par la faim excité,
Pénètre en leur séjour, et là, chasseur habile,
Sur le bout d'une branche il se tient immobile,
    Roulant son œil de tout côté
    Pour apercevoir quelque proie.
Un des ramiers paraît; sa griffe se déploie,
Et son aile fend l'air. Le ramier, aux abois,
    Vole et fuit jusqu'au fond du bois
    Où son ennemi va le prendre...
Mais non, un oiseleur était en cet endroit,
    Et dans les rets qu'il vient d'y tendre
    L'infortuné vole tout droit.
Dans les airs cependant l'autre a suivi leur trace;
Il arrive à l'instant non loin du fatal rets;
En longs roucoulements exhalant sa disgrace,
Il fait gémir au loin les échos des forêts;
Il vole d'arbre en arbre à travers le feuillage;
Enfin il aperçoit l'objet de tous ses vœux :
Je vais donc te rejoindre ! — Arrête, malheureux !
Un filet me retient; fuis-moi, fuis l'esclavage;
Laisse-moi seul du sort subir l'affreuse loi :
    Je t'en conjure, éloigne-toi.

Inutile discours : sans plus vouloir l'entendre,
  Dans le filet il va se prendre,
Et lui dit : Le malheur s'affaiblit de moitié
Quand il est partagé par la tendre amitié.

FABLE IX.

LE COUCOU INDICATEUR,*
LE CHASSEUR ET LES ABEILLES.

Hola ! suspends ici tes pas ;
Écoute-moi, chasseur, dit un coucou d'Afrique,
Tu ne t'en repentiras pas.
Voyons, veux-tu que je t'indique
D'abeilles une république,
Où nous devons trouver, je t'en fais le serment,
Abondance de miel, et de miel succulent ;

---

* C'est dans l'intérieur de l'Afrique que se trouve le Coucou indicateur, remarquable par la singulière faculté que la nature lui a donnée, non seulement de découvrir le miel des abeilles sauvages, mais encore de les indiquer aux chasseurs qui cherchent le miel dans le désert, et qui, avertis par les cris de ce nouvel espion, s'emparent du petit trésor qu'ils doivent à son instinct. Durant tout le temps que le sauvage travaille à ravir le miel des abeilles, notre oiseau se tient dans un buisson voisin, d'où il observe attentivement ce qui se passe, jusqu'à ce qu'il ait obtenu la part que le chasseur ne manque jamais de lui laisser. (*Voyez* Buffon, **Hist. nat. des Oiseaux.**)

Car dès longtemps je vois qu'on y travaille
Avec grand zèle; enfin je veux de la trouvaille
    Que tu me fasses bonne part;
      Ma foi, sans cette clause expresse,
      Franchement je te le confesse,
Je porte ailleurs mon vol. — Eh bien ! point de retard,
Lui répond le chasseur ; je t'en promets le quart. —
      Bien ; pour le quart je me décide ;
      Interrompu de temps en temps,
      Mon vol te servira de guide :
      Partons. Bientôt les contractants
Sont au lieu désiré. Notre coucou s'écrie :
C'est là, c'est sur cet arbre. Il croit déjà gruger.
Le chasseur de grimper. Mais, voyant le danger
    Qui vient menacer la patrie,
La gent abeille accourt et fond avec furie
Sur son double ennemi ; chacun d'eux est criblé
De force coups de dard : le chasseur, au supplice,
Se repentit longtemps d'avoir été complice
D'un lâche délateur, qui, de mal accablé,
      Mourut tout enflé.

De délateurs encore il est une autre race
    Et plus coupable et plus rapace,

Qui, parmi nous, ô juste ciel !
O comble de l'ignominie !
A loisir se repaît du miel
De la délation.... Elle vit impunie !

FABLE X.

LE CONDOR ET LE COLIBRI.*

Comment autour de moi, chétive créature,
Oses-tu voltiger? dit l'énorme condor
Au colibri. Va loin, il en est temps encor,
Ou tu vas devenir à l'instant ma pâture. —
　　Lâche ennemi! vois-tu bien cette fleur?
Elle porte mon nid; ma famille y sommeille;
　　C'est sur son destin que je veille,

---

* De même que le Condor est le plus grand des volatiles, puisqu'il a dix-huit ou vingt pieds de vol ou d'envergure, le colibri, qui ne diffère de l'oiseau-mouche que par la forme de son bec, est à la fois un des plus petits, des plus jolis et des plus intéressants par ses mœurs; la vivacité et la variété de ses mouvements sont presque incroyables. Buffon dit, en parlant du courage, ou plutôt de l'audace des oiseaux-mouches (ce qui peut être appliqué aux colibris): « On « les voit poursuivre avec furie des oiseaux vingt fois plus gros qu'eux, « s'attacher à leurs corps; et, se laissant emporter par leur vol, les « béqueter à coups redoublés jusqu'à ce qu'ils aient assouvi leur petite « colère: l'impatience paraît être leur âme. »

Et je saurai pour elle affronter ta fureur. —
Ah! c'est par trop d'audace! insecte misérable!
   Voyez un peu ce hanneton,
Oser, à moi condor, parler sur un tel ton!
   Eh bien! de mon bec formidable
   Le téméraire va juger:
   Allons, mettons-nous à manger
Les enfants et le père... — Attends, bête farouche,
Je veux te faire voir ce que peut l'oiseau-mouche
   Pénétré d'un juste courroux.
A ces mots, comme un trait il fond avec courage
   Sur le condor, qui, plein de rage,
   En tous sens, pour parer ses coups,
   Fait mouvoir sa lourde machine;
Mais en vain : sur son col, qui jusques à l'échine
   N'a qu'un duvet pour tout abri,
Vingt fois s'est enfoncé le bec du colibri.
Contre un tel ennemi se voyant sans défense,
   L'oiseau de proie, avec grand bruit,
   Frappe l'air de son aile immense,
    Et s'enfuit.
   Mais le colibri le poursuit,
   L'atteint, s'attache à son aisselle,
Perce un vaisseau; son sang goutte à goutte ruisselle.

Il se perd dans la nue; inutile secours !
Il y porte le mal qui doit finir ses jours.
En effet, par degrés sa force diminue,
Malgré lui par degrés il abaisse son vol;
Par le froid de la mort son aile est retenue;
      Il tombe, expire sur le sol
      Témoin de sa lâche furie;
Et son vainqueur revoit sa famille chérie.
  Le colibri, par ses nobles efforts,
Lui que dans tout péril un grand courage enflamme,
      Nous prouve bien qu'un petit corps
      Peut recéler une grande ame.

FABLE XI.

UNE NOUVELLE DU LUXEMBOURG,

ou

LE CONVOI DU PAUVRE.

J'étais au Luxembourg; j'y trouvai deux vieillards
  Bien babillards,
 Qui se contaient mainte nouvelle;
Je pouvais à loisir écouter leurs récits,
Car sur le même banc nous nous trouvions assis;
 Mais point d'avis d'en farcir ma cervelle,
J'allais m'en séparer, lorsqu'un événement
Rapporté par l'un deux me toucha vivement;
En voici le précis. Tout accablé d'années,
  Enfin le malheureux Martin
Vient donc de terminer ses tristes destinées :

LIVRE III.

    Sortant de chez moi ce matin
    Pour aller voir l'ami Préville,
    J'ai vu partir le corbillard
    Qui le menait à Vaugirard,
    Hélas ! son dernier domicile. —
De qui me parlez-vous ? de cet homme indigent
A qui, plus d'une fois, au coin de cette rue,
L'aspect de ses haillons affligeant votre vue,
    Vous fîtes part de votre argent;
Lui qu'une banqueroute a, du sein de l'aisance,
    Jeté dans l'affreuse indigence.
    J'y suis ; vous m'en avez, je crois,
    Raconté l'histoire autrefois.
Sans doute nul ami n'accompagnait la bière ?
    Les infortunés n'en ont guère !
    Pardon, un seul lui fut constant, —
    Et chose, hélas ! trop peu commune,
    Dans l'une et l'autre fortune
Il se montra le même. Il suivait d'un pas lent
Le funéraire char, et, la tête baissée,
On voyait bien qu'atteint d'une vive douleur,
Il était tout en proie à sa triste pensée. —
Vous venez de m'offrir l'exemple d'un bon cœur ;
Son tendre dévoûment me fait verser des larmes.

Délicieuse affection !
Sainte amitié ! quels sont tes charmes !
Il est de vrais amis ; votre narration
Le prouve bien !.. —
Ne vous y trompez pas, c'était son pauvre chien.

FABLE XII.

LA CIGALE ET LE HIBOU.

Faisant résonner l'air de ses aigres accents,
La cigale, au temps chaud, importunait l'oreille
Du hibou son voisin, lui qui dans l'ombre veille,
Et le jour, au repos abandonnant ses sens,
Dans le fond de son trou paisiblement sommeille.
Un matin qu'il venait de gagner son réduit,
  Il la conjura de se taire;
  Mais la babillarde, au contraire,
  L'importuna d'un plus grand bruit.
  Il renouvelle sa prière :
Le tapage est triplé. Malgré tous ses discours,
Voyant qu'on le bravait, pour punir la cigale,
Il appelle aussitôt la fourbe à son secours.
Ma foi, puisque les chants qui te rendent l'égale

Du savant dieu de l'Hélicon
Empêchent le sommeil de fermer ma paupière,
Je veux mettre à sec le flacon
Du nectar divin dont naguère
Pallas me fit présent. Vois, si le cœur t'en dit,
Tu peux venir; je t'y convie.
Prise de soif ardente, et se trouvant ravie
D'avoir si bien chanté, la cigale partit.
Mais soudain le hibou, quittant son noir repaire,
La poursuit et l'atteint, frappe la téméraire,
Qu'un coup de son bec plonge en l'éternelle nuit.

Vous qui de l'humaine justice
Si souvent transgressez les lois;
Vous qui, pour satisfaire un coupable caprice,
Insolemment d'autrui méconnaissez les droits,
Mortels, puisse à vos yeux le sort de ma cigale
Être une leçon de morale!

FABLE XIII.

LE GUI DE CHÊNE, LE GENÊT ET LA BRUYÈRE.

Du haut d'un chêne à tête altière,
Un gui, tout plein de vanité,
Apostrophait ainsi le genêt, la bruyère :
Entre vous deux et moi quelle disparité !
　　Vous êtes perdus dans l'herbe ;
　　Mon front de près voit les cieux... —
　　Ne fais pas tant le superbe,
Lui répond le genêt, et connaissons-nous mieux.
　　Ton arrogance est extrême ;
Dans notre humilité nous nous trouvons heureux.
Tu crois être un grand sire : apprends, pauvre orgueilleux,
　　Que tu n'es rien par toi-même.

FABLE XIV.

LA MOUCHE ET LE COUSIN.

La mouche, un soir,
Vit du vin dans le fond d'un verre :
Par ma foi, j'en boirai, s'écria la commère.
Je m'imagine encor la voir
Descendre, remonter, redescendre bien vite ;
Enfin, lorsqu'elle croit à son but parvenir,
Au milieu du liquide elle se précipite.
Vainement contre le trépas
Un cousin la voyant combattre,
Lui dit : Ni trop haut, ni trop bas,
Tu devais te tenir. Et dans l'air de s'ébattre :
Il donne une leçon, prudemment croit voler ;
Une chandelle est là... le fou va s'y brûler.

FABLE XV.

LE CHIEN ET L'AGNEAU.

Les troupeaux de Lubin paissaient dans les bruyères ;
Par ici les brebis, et les chèvres par là ;
Un jeune agneau bêlait à travers ces dernières ;
Un chien qui l'aperçut en ces mots lui parla :
Où vas-tu, camarade ? ici que viens-tu faire ?
Auprès de ces genêts ne vois-tu pas ta mère ? —
Mon désir, dit l'agneau, n'est point de rencontrer
Celle qui, par hasard, se plut à m'engendrer,
Qui durant certain temps porta, sans le connaître,
Un fardeau qu'un beau jour par force elle mit bas,
Mais celle, qui de gré, guidant mes premiers pas,
De son lait chaque jour prit soin de me repaître. —
    Je crois pourtant, lui repartit le chien,
      Que la brebis qui t'a donné naissance
      Doit l'emporter. — Pour moi, je n'en crois rien ;
    Cette brebis savait-elle d'avance

Si je devais m'échapper de son flanc.
　　Mâle ou femelle ! ou bien noir, ou bien blanc?
Je suis mâle, il est vrai. Ma foi, le beau service
Qu'elle m'a rendu là ? je crois voir le boucher
A chaque instant du jour qui vient pour me chercher.
Ainsi donc la brebis, soit hasard, soit caprice,
M'engendre, me met bas sans veiller sur mon sort;
　　Cette bonne chèvre, au contraire,
Me nourrit de son lait, me défend de la mort,
　　M'élève enfin; voilà ma mère !

FABLE XVI.

ABUZEY ET USBECK.

Félicite ton fils, dit Usbeck à son père,
Du grand-seigneur, demain, j'épouserai la sœur;
Nous chasserons ensemble en ce jour si prospère,
Et déjà de plaisir je sens battre mon cœur.
Le père répondit : La fortune est cruelle;
Et l'on ne vit jamais rien de plus inconstant
      Que les faveurs d'une belle,
Que les jours de l'automne et les grâces d'un grand.
Mais demain de ton sort j'apprendrai la nouvelle.
Le bonhomme eut raison. Le sultan résolut
De refuser sa sœur, et tout le jour il plut.

FABLE XVII.

LE BOUVREUIL ET LE BŒUF.

Un bouvreuil, en hiver, fut pris et mis en cage.
Jeannot, pour le soigner, l'observer chaque jour,
Près de lui dans l'étable a fixé son séjour.
Quest-ce donc? dit un bœuf; ô la bête sauvage!
    Pourquoi donc ainsi t'agiter?
    Pourquoi te tourmenter, te plaindre,
Et contre les barreaux la tête te heurter?
    Allons, sache un peu te contraindre.
Te voila bien malade! on te donne à manger;
Gazouiller à ton aise est toute ton affaire :
Indocile animal, tu me fais enrager;
Va, profite, crois-moi, d'un destin si prospère. —

De vivre sous le joug tu te trouves content,
Répondit le bouvreuil; pour toi, c'est l'habitude.
Hélas! moi j'étais libre; aussi la servitude
   Remplit mon cœur du plus cruel tourment.

FABLE XVIII.

LES GRUES.

A LAFAYETTE,

à l'ami de Washington, au prisonnier d'Olmütz, qui m'honora de son attachement pour lui avoir dédié la deuxième édition de mes fables.

Voisin, que vois-je en l'air ? — Voisin, ce sont des grues
Qui, désertant le nord, et vers nous revenues,
Fidèles messagers envoyés par Cérès,
Nous disent qu'il est temps d'aller en nos guérets
Répandre les engrais et jeter la semence.
Profitons du signal et faisons diligence ;
Attelons nos taureaux, prenons notre aiguillon.
Ainsi deux laboureurs causaient en ma présence,
Voyant de ces oiseaux passer un bataillon.
     Une bagatelle
Peut souvent du penseur arrêter les regards :

Je laisse discourir nos deux bons campagnards,
Et, tandis qu'en leurs champs octobre les appelle,
    Je vois, chez ce peuple volant,
      Régner un ordre surprenant :
Chacune, quand son aile est assez vigoureuse,
Va conduire à son tour la cohorte nombreuse.

    Le régime républicain
Vient s'offrir à mes yeux dans ce vol symétrique ;
C'est le gouvernement que l'immortel Franklin
      Donna jadis à l'Amérique,
Où chacun participe à la chose publique,
    Où, nivelant un peuple tout entier,
    Le seul mérite ayant la préférence,
La loi donne à chacun le droit et l'espérance
D'aller du dernier rang se placer au premier.

FABLE XIX.

LE MOINEAU.

Un moineau coquet et volage
Aimait à voir couler ses jours
Au sein de faciles amours,
Et gaîment il passait le printemps de son âge,
Comme si le bonheur devait durer toujours !
Chaque jour, disait-il, j'ai de bonnes fortunes ;
L'hymen n'est réservé qu'à des ames communes :
Je veux m'appartenir ; j'en jure sur ma foi,
Je ne subirai point sa loi.
Une fois pris, plus de ressource ;
Puis, de mille embarras le ménage est la source :
Tant que ta femme est sur les œufs,
Je te vois, pauvre époux, lui porter la pâture ;
Tu deviens père, et non moins malheureux,
Il te faut prendre soin de ta progéniture !...

Mais, lecteur, c'est assez : je n'ai pas le projet
De tout te rapporter ce que l'oiseau put dire
    Sur un aussi grave sujet.
    Cet extrait, je crois, doit suffire.
    Le temps, malgré tous ses discours,
    N'en poursuivait pas moins son cours,
Lui qui voit, tôt ou tard, la fin de toutes choses,
Qui fait rider nos fronts, qui fait pâlir les roses,
Le temps le fit vieillir, et bientôt sans retour
Désertèrent les Ris, les Plaisirs et l'Amour,
Que vinrent remplacer la froide Indifférence,
Les Ennuis, les Chagrins, suivis de la Souffrance.
En vain notre moineau gémissait sur son sort,
En vain à son secours il appelait la Mort;
Souvent il lui fallait, parcourant la campagne,
A travers les glaçons chercher quelqu'aliment
Pour vaincre de la faim le douloureux tourment.
Que n'avait-il alors une douce compagne
Pour alléger ses maux, pour prévoir ses besoins !
    Devenu vieux et cacochyme,
    Il se serait mis au régime;
Il aurait reconnu le prix de tendres soins.
Mais non, tout accablé du poids de sa misère,
    Personne, à son heure dernière,

Ne prit pitié de son état ;
Personne n'était là pour clore sa paupière ;
Il mourut seul sur son grabat :
Et puis vantez le célibat !

FABLE XX.

LE CHEVAL DE SELLE ET LES DEUX POULAINS.

Ne cesserez-vous pas, stupides animaux,
Le dos toujours couvert de fange et de poussière,
D'errer à l'abandon parmi de vils troupeaux ?
  Que votre ignorance est grossière !
Ces ânes, ces mulets paraissent vos égaux.
  Voyez sur ma selle et ma bride
Éclater à la fois les plus riches métaux ;
Voyez ce cavalier qui fièrement me guide ;
  Regardez bien, pauvres badauds.
C'est ainsi qu'un cheval de manége et de race,
Frappant du pied le sol et marchant avec grâce,
Parlait à deux poulains qui, remplis de gaîté,
Trottaient et galoppaient en pleine liberté.

Un d'eux lui répondit : Nous l'avouons, mon frère,
Tu nous sembles fournir une belle carrière ;
Pourtant de ton orgueil calme un peu les transports :
Ton mors, quoique doré, n'en est pas moins un mors.

FABLE XXI.

LE VOISINAGE.

Sorti d'un terrain en jachère,
Le seigle se trouvait de chardons entouré ;
Le fonds était très bon sans être labouré ;
Or donc, il eût produit le bled à pleine terre ;
Mais tout, par les chardons, fut détruit, dévoré.

    Heureux celui qu'un sort prospère
    Fait vivre au sein de ses égaux.
La famine, sans doute, et la peste, et la guerre,
    Sont d'épouvantables fléaux ;
Mais un mauvais voisin est le plus grand des maux.

FABLE XXII.

LE PAPILLON ET LA ROSE.

Vif et léger,
J'aime à changer;
C'est ma folie,
C'est de ma vie
Tout le bonheur;
Et chaque fleur
Ne peut près d'elle
Fixer mon aile
Qu'un seul instant.
Or, franchement
Je le confesse,

Fleurs que j'aimais,
Je vous délaisse,
Et pour jamais;
Plein d'allégresse,
Je vais ailleurs,
Amant volage,
A d'autres fleurs
Porter l'hommage
De mes ardeurs.

C'est en ces mots qu'aux fleurs de la vallée
Un papillon fit un jour ses adieux;
Et pour aller en d'autres lieux
A l'instant il prit sa volée.
Mais laissons voyager ce petit libertin;
Il pourra regretter l'aimable primevère,
La modeste anémone et la simple bruyère;
A force de voler, il arrive un matin
Au milieu du plus beau parterre :
Mille fleurs à la fois éblouissent ses yeux
Dans ce séjour délicieux;
A toutes, à la fois, l'inconstant voulait plaire;
Mais il a vu la rose, et, d'une aile légère,
Il s'empresse d'aller folâtrer alentour.
Cher objet, lui dit-il, du plus ardent amour !

Toi qui des fleurs es la plus belle,
A mes vœux ne sois pas rebelle. —
Ah ! pour ne pas te payer de retour,
Il me faudrait une ame bien cruelle !
Puis elle semble épanouir son sein
Pour l'inviter à faire un doux larcin.
Dans le transport de son ivresse,
Sur la fleur il va se poser :
Mais quoi ! dès le premier baiser
Qu'il donne à sa belle maîtresse,
Hélas ! une épine traîtresse,
Que l'imprudent ne voyait pas,
Si dangereusement le blesse,
Qu'il est encore heureux d'échapper au trépas.
Guéri de sa blessure, il reprit sa volée
Pour aller retrouver les fleurs de la vallée.

Jeunes gens qui, d'abord véritables Daphnis,
Alliez, tout bonnement, porter sous la coudrette
L'encens de votre amour à quelque bergerette ;
Mais qui, bientôt après, dédaignant vos Phylis,
Et passant tour à tour de la brune à la blonde,
Voulez courir enfin les hasards du grand monde,
Et prenez pour cela le chemin de Paris ;

Allez : vous y verrez mille beautés divines ;
Vous croirez votre sort égal au sort des dieux ;
Je ne conteste rien. Mais sachez qu'en ces lieux
Les roses, fort souvent, ont aussi leurs épines.

FABLE XXIII.

LE PASTEUR ET LA BREBIS.

Un berger tondait sa brebis :
A combien de travaux, disait-il en colère,
Faut-il que je me livre afin de lui complaire,
Et l'ingrate se tait ! Il joint les coups aux cris.
Que Dieu, dit-elle enfin, vous accorde un salaire ;
Cependant, répondez : d'où viennent vos habits ?

FABLE XXIV.

LES PROMENEURS D'OURS.

Le fifre et le tambour ont frappé mon tympan.
Qu'est-ce donc? Un gros ours, docile à la cadence,
    Qui lourdement se met en danse
    Sous le bâton de son tyran.
    En vain il sue, il est en nage,
    Son poil se dresse de fureur,
Sa gueule est entr'ouverte, il faut de l'esclavage
    Qu'il supporte toute l'horreur.
Certain village était le lieu de ce spectacle;
Et là, chaque rustaud, voyant danser notre ours,
    Tout ébahi, criait miracle!
Martin a cependant achevé tous ses tours.
    On part pour un autre village;
    Mais le pauvre ours, n'en pouvant plus,
Va jetant les hauts cris; ses cris sont superflus:
Le bâton est levé. Dans un accès de rage,

Même au péril de se tordre le cou,
Enfin Martin rompt son licou;
Et, gagnant la forêt voisine,
Loin de ses oppresseurs librement il chemine.
Mais à force de peine, à force de courir,
Nos gens ont rattrapé la malheureuse bête,
Qui reçoit tant de coups sur le dos, sur la tête,
Qu'elle est sur le point d'en mourir.

Pauvre ours, que la nature entraîne
Vers une douce liberté,
Retiens bien cette vérité :
Le plus grand attentat est de rompre sa chaîne.

LIVRE QUATRIÈME.

LIVRE QUATRIÈME.

FABLE I.

LE GRILLON ET LA FOURMI.

La terre avait quitté sa robe de verdure ;
Le torrent, en grondant, roulait dans le vallon ;
Dans le sein des forêts mugissait l'aquilon ;
Enfin tout annonçait le temps où la froidure
A maint et maint insecte apporte en nos climats
  Et la famine et le trépas.
A cette époque donc, aux insectes fatale,
Un pauvre et vieux grillon, sans parents, sans ami,
Va demander l'aumône à certaine fourmi,
  En avarice au moins égale

A celle qui jadis refusa de prêter
 A sa voisine la cigale
 De quoi la faire subsister
 Jusques à la saison prochaine,
Bien qu'elle eût fait serment de joindre au principal,
Quand le terme viendrait, un intérêt légal,
Ainsi que l'a conté l'immortel La Fontaine.
Mais à présent, lecteur, mettons la nôtre en scène :
 Ah! vous voilà, mon cher voisin !
Vous paraissez souffrant ; j'en suis vraiment peinée :
On se ressent partout de la mauvaise année.
Quant à moi, je suis loin d'avoir un magasin
Fourni comme autrefois, et, qui plus est, je pense
Que l'hiver sera long. Sans cette circonstance,
De mes provisions je vous ferais part... mais... —
Je t'entends, tu voudrais, animal détestable,
Avoir le superflu pour être charitable :
 Va, tu ne le seras jamais.

FABLE II

LES DEUX CHIENS ET LE LOUP.

Allons, éveille-toi, point de poltronnerie,
  Donnons la chasse à l'animal glouton
    Qui, l'autre jour, plein de furie
    Vint dévorer notre plus beau mouton.
Ainsi parlait Castor, chien d'une métairie,
    A son camarade Pluton
Qui près de lui ronflait. A ces mots il s'éveille ;
Les hurlements du loup ont frappé son oreille.
Compagnon, lui dit-il, avançons, je suis prêt ;
Qu'à l'instant le glouton regagne la forêt.
Ils sortent de la cour : mais le loup en silence,
Malgré leurs jappements, de plus en plus s'avance ;
    Il n'est déjà qu'à vingt pas du logis.
Nos deux chiens, qui d'abord paraissaient si hardis,

A pas précipités reviennent à leur gîte ;
　　Ils y seraient, je crois, encor tapis,
Sans un coup de fusil qui mit le loup en fuite.

Parmi nous, de faits tels, je fus souvent témoin,
Et bien des gens ainsi ne jappent que de loin.

FABLE III.

LE RENARD ET L'OIE.

D'un chapon gras à lard un renard fait sa proie;
Il met à le manger tant de voracité,
Qu'au fond de son gosier un os est arrêté.
    Passe par-là commère l'oie
Qui revenait des champs. Elle vit l'embarras
Du croqueur de poulets, et suspendit ses pas.
Il n'avait jamais fait si vilaine grimace :
Ma mignonne, dit-il, secourez-moi, de grâce;
Un os va m'étrangler; venez, ma bonne sœur,
L'extraire de ma gorge : une affreuse souffrance
Est déjà de ma mort le signe précurseur;
Soyez sûre, à jamais, de ma reconnaissance. —
Ton langage mielleux ne saurait me leurrer;
Je connais les renards de trop ancienne date.

En tout temps, en tout lieu, je cherche à m'en garer :
Malheur au pauvre oison qui tombe sous leur patte. —
Un os va m'étrangler; venez, ma bonne sœur,
L'extraire de ma gorge. — A d'autres la besogne;
D'ailleurs, ma grand'maman m'apprit jadis par cœur

Le Loup et la Cigogne.

FABLE IV.

LE BERGER ET SON CHIEN.

Ah! cette fois la chose est trop notoire :
Je ne t'ai laissé seul que la moitié du jour,
  Et qu'aperçois-je à mon retour ?
  Hélas! ma pauvre brebis noire
Sur le sol étendue et baignant dans son sang.
Je ne puis en douter, c'est ta dent scélérate,
   Bête ingrate,
  Qui vient de lui percer le flanc.
En vain tu me diras qu'elle fut égorgée
Par un loup. Vil menteur ! ce loup l'aurait mangée.
Quelle était mon erreur ! je croyais bonnement
A tout ce que disait cet être détestable.
L'autre semaine encor, et sans savoir comment,
Dans un taillis prochain, à cent pas de l'étable,

Tout-à-coup disparut Robin, mon beau mouton;
Cependant tout fut mis sur le dos du glouton.
Mais enfin, c'en est fait, pour toi plus de refuge,
Et tu vas à l'instant recevoir le trépas. —
Avant de me frapper ne te refuses pas
A m'entendre un moment, et sois alors mon juge.
Vois-tu, derrière toi, le chien du vieux Lucas?
  Dans ses regards la rage est peinte;
Du sang de ta brebis sa gueule est encor teinte;
Lui seul est criminel. — Tais-toi, lâche animal;
Il est moins fort que toi. Témoin de sa furie,
Tu pouvais l'écarter de ma brebis chérie.
Reçois donc du bâton. Qui voit faire le mal
Et ne l'empêche pas, s'il s'en trouve capable,
   Est lui-même coupable.

FABLE V.

LA RIVIÈRE ET LE FLEUVE.

Grâces à l'onde salutaire
Qu'en un vallon roulait une rivière,
Cent usines en mouvement
Répandaient le bonheur dans toute la contrée.
Eh bien! cette rivière était presqu'ignorée,
Quand, à flots révoltés, courait en conquérant
Un fleuve qui, tout fier d'usurper ses rivages,
Avare de bienfaits, prodigue de ravages,
Ne recevait, en suzerain,
Qu'avec dédain
Sa tributaire.
Pour moi, j'aurais pensé, si j'eusse été rivière,
Que ce fleuve, semblable aux grands de tous pays,
Ne subsistait, comme eux, qu'aux dépens des petits.

FABLE VI.

LES DEUX RATS.

Traduite d'Horace, satire vi, livre iii.

On raconte qu'un jour, en son modeste asile,
Un pauvre rat des champs reçut un rat de ville ;
C'étaient deux vieux amis. Ménageant son avoir,
Le rat des champs pourtant s'arrangeait de manière
A bien traiter toujours ceux qui venaient le voir.
L'avoine et le pois chiche étaient son ordinaire.
    A son camarade, au contraire,
    Il s'empresse de faire part
De ses bons raisins secs et des tranches de lard
A qui déjà sa dent avait fait mainte entaille.
Il variait les mets pour vaincre le dédain
Qu'affectait en mangeant l'oppulent citadin,
Quand lui, maître du lieu, sur quelques brins de paille,

Gruge, à l'écart,
Un peu d'ivraie en bon vieux campagnard,
Laissant la bonne chère à notre sybarite
Qui lui parle en ces mots : Je voudrais bien savoir
Comment tu peux te plaire à vivre en pareil gîte,
Sur un rocher désert? Tu devrais pourtant voir
Que l'homme a fui les bois pour habiter la ville.
Eh bien! suis donc mes pas; viens partager mon sort;
Et, puisque rien ne peut nous soustraire à la mort,
Puisque grands et petits, tout y passe à la file,
Crois-moi, soyons heureux, tandis qu'il en est temps :
Employons bien tous les instants
D'une vie
Qu'à toute heure menace une parque ennemie.
Par un pareil discours le rat des champs séduit,
S'élance avec transport et quitte son réduit.
Ils se mettent en route, et gaîment font voyage.
C'était durant l'obscurité
Que ces messieurs voulaient se livrer un passage
Sous les remparts de la cité.
Faisant glisser son char sur la voûte azurée,
La nuit, du haut des cieux, regagnait l'horizon,
Quand nos deux rats font leur entrée
Dans une superbe maison,

Où la pourpre avec l'or, couvrant des lits d'ivoire,
Du pauvre campagnard vint éblouir les yeux;
　　Où, chose pour lui plus notoire,
　　　Tous les restes délicieux
Du splendide souper qu'on avait fait la veille,
Pêle-mêle emplissaient mainte et mainte corbeille.
Sur la pourpre aussitôt le seigneur de céans,
Ayant fait, avant tout, asseoir le rat des champs,
Semble un maître d'hôtel à robe retroussée;
Il va, vient et revient; vingt fois, en un instant,
　　　Par lui la salle est traversée;
Un mets n'attend pas l'autre, et notez bien, pourtant,
　　　Qu'en rat courtois, il n'en convie
Son heureux commensal qu'après l'avoir goûté.
　　　Le campagnard, l'ame ravie,
De son bon camarade excite la gaîté.
　　　Mais, avec un bruit formidable,
　　　S'ouvre la porte à deux battants.
　La peur leur fait abandonner la table,
　　Et par la salle ils trottent tout tremblants.
Chacun d'eux, en un coin, de plus en plus frissonne.
　　　Hélas! ce n'était rien encor:
De la voix des mâtins tout le logis résonne.
Loin de moi, dit le rustre, et ta pourpre et ton or;

Vis, si tu veux, avec les riches ;
De te suivre j'étais bien fou !
Adieu, la paix est dans mon trou :
Je vais m'y consoler en mangeant mes pois chiches.

FABLE VII.

LE LOIR ET LA FOURMI.

Certain loir, en son trou, faisait si grande chère,
Qu'il était gros et gras à crever dans sa peau;
C'était parmi les loirs un Lucullus nouveau,
    Un véritable Lareynière.
    Mais, par l'oisiveté conduit,
    L'ennui pénètre en son réduit;
Il en ressent bientôt la maligne influence;
Hélas! qui de l'ennui n'a pas porté le poids?
    Sous le chaume de l'indigence,
    Sous les lambris de l'opulence,
    Il trouve accès; combien de fois
N'a-t-il pas fait rider le front même des rois?
Un jour donc, notre loir, la panse par trop pleine,
    Et l'air encor tout endormi,
Clopin-clopant, alla conter sa peine
    A sa voisine la fourmi:

J'ai beau manger, dit-il, et dormir à mon aise,
Je ne suis pas heureux ; or, je viens aujourd'hui,
    Ma bonne sœur, pour qu'il te plaise
De m'enseigner un remède à l'ennui.
La fourmi lui répond : Sans doute, monsieur raille ;
Un remède à l'ennui ? Fais comme moi, travaille.

FABLE VIII.

LES DEUX MULOTS.

A son décès, un vieux mulot
Laissa pour ses deux fils un petit héritage ;
Ces messieurs, au plus vite, ouvrirent leur partage ;
Ils tombèrent d'accord, et chacun prit son lot.
    Voilà nos mulots en ménage.
Ainsi que le défunt, l'aîné géra son bien ;
Il travailla beaucoup et ne l'augmenta guère :
Mais, pauvre, il fut heureux sans se reprocher rien.
Le plus jeune suivit un système contraire ;
De faire sa fortune il trouva le moyen.
Je ne veux pas, dit-il, en parlant de son frère,
    Vivre comme ce pauvre hère.
Or donc, réfléchissons ; malgré tout les revers,
J'ai là de quoi passer pour le moins trois hivers.

Je sais que la fourmi, ma plus proche voisine,
  Déjà partout s'en va criant famine;
Sachons donc profiter de sa position;
Prêtons-lui de mon blé, mais à condition
  Qu'elle en rendra double mesure.
  Traitons de la même façon
Cette jeune souris, ce pauvre limaçon,
Et tant d'autres encor; enfin, faisons l'usure.
Ce qu'il dit, il le fit. Il prêta tant et tant,
  Au taux le plus exorbitant,
Que de ces débiteurs la profonde indigence
  Le mit bientôt au sein de l'abondance.
Aussi disait-il bien : J'ai de tout à foison;
Et de fruits et de grains regorge ma maison.
Il n'est point de mulot dans toute la contrée
Aussi riche que moi, la chose est assurée;
Et je puis désormais trancher du grand seigneur.
Un vieux grillon lui dit : Tais-toi, vil discoureur;
  Tant de cynisme m'importune;
Ne t'énorgueillis point de ta grande fortune,
Car, infâme usurier, chacun sait aujourd'hui
Qu'elle eut pour fondement la ruine d'autrui.

FABLE IX.

LE CHARDONNERET ET LE ROSSIGNOL.

Voyons qui de nous deux l'emporte par la voix,
Dit le chardonneret au chantre de nos bois.
Mais voici le pinson qui vient à tire-d'aile,
Il pourra nous juger. Sans doute à Philomèle
    Ce pinson adjuge le prix?
C'est au chardonneret. Tous les oiseaux surpris
Viennent du rossignol déplorer la défaite,
Lui disant : Du pinson l'ignorance est complète ;
    Nous te plaignons de bonne foi.
Le rossignol répond : C'est lui que je plains, moi.

FABLE X.

LE CHEVAL DE RACE ET LE CHEVAL DE LABOUR.

Mon ami, s'il vous plaît, un peu plus à l'écart;
Chacun devrait toujours se tenir à sa place.
Je ne puis concevoir par quel fâcheux hasard,
  Ou plutôt par quelle disgrace,
Nous nous trouvons ensemble au même râtelier;
Allons, retirez-vous, c'est trop vous oublier;
Passe pour cette fois en faveur de votre âge;
Du monde, un peu plus tard, vous saurez mieux l'usage.
  Apprenez que j'ai vu le jour
  Dans le haras de Pompadour;
  Le fameux Bayard est mon père,
  Alphane est le nom de ma mère.
Eh bien! jeune étourdi, vous voyez de quel sang
 Je suis issu; vous voyez la distance
 Qu'entre nous deux doit mettre la naissance! —

C'est assez vous vanter, tenez, moi, je suis franc :
Il est vrai, je vous trouve assez belle apparence;
Vous pouvez être issu des plus nobles aïeux :
Dois-je en conclure, moi, que vous en valez mieux?
En devenez-vous autre, en bonne conscience?
Mon père, dites-vous, n'eut jamais son égal!
    La chose n'est pas surprenante :
C'était, je veux le croire, un illustre cheval;
Mais malgré tout cela, vaniteux animal,
Peut-être n'êtes-vous qu'un pauvre rossinante.

FABLE XI.

LE VER-LUISANT ET LA FAMILLE DES CHATS-HUANTS.

A MICHEL (DE BOURGES),
le Talma du barreau français, qui, jusqu'à sa mort, me conserva son amitié.

Déjà l'astre du jour, caché sous l'horizon,
Pour d'autres régions poursuivait sa carrière,
Quand, luttant contre l'ombre à travers le gazon,
Un petit ver-luisant promenait sa lumière.
   Plus d'une fois quelqu'autre vermisseau,
Au milieu de la nuit, fourvoyé dans l'herbage,
  A la lueur du propice flambeau,
Avait pu, sain et sauf, accomplir son voyage;
     Aussi, de ce bon ver-luisant,
     Maint insecte reconnaissant

Publiait partout la louange ;
Mais ici bas, pratique étrange !
Faites du bien et l'on vous fait du mal ;
Car de méchants cet univers fourmille.
Près de là donc, un vilain animal,
Un chat-huant élevait sa famille
Dans le creux d'un ormeau. Quelle est cette clarté
Qui de la nuit, dit-il, combat l'obscurité ?
Regardez, mes enfants, prenez-en connaissance.
   A ces mots,
  Les marmots
Mettent la tête au trou : Mon père, elle s'avance,
Dit le premier. — Ceci ne me fait présager
Rien de bon, dit un autre. Un troisième s'écrie :
Cours vite l'étouffer, mon père, je t'en prie ;
Peut-être en un soleil elle va se changer.
C'en est assez, leur dit la détestable bête ;
 Comptez sur moi, calmez votre frayeur.
 Un vermisseau répand cette lueur ;
 L'audacieux va payer de sa tête
La fureur de vouloir ainsi nous éclairer ;
De mes coups, j'en réponds, il ne peut se garer.
Il dit, et près de lui va se poser à terre ;
De sa lugubre voix trois fois l'air retentit ;

Il frappe : mais soudain, éteignant sa lumière,
Dans un trou de grillon notre ver se blottit.
L'oiseau, le croyant mort, retourne en son repaire
Retrouver ses enfants bien dignes d'un tel père.
    L'autre, au jour, décampant de là,
    Le plus loin qu'il put s'en alla.

Ainsi, chez les humains, en maint pays encore,
Tel qui veut, imitant notre porte-phosphore,
    Pour le bien éclairer les gens,
    Est contraint, par la confrérie
    De nos messieurs les chats-huants,
D'aller sur d'autres bords chercher une patrie.

FABLE XII.

ZÉPHIRE ET LA PIVOINE.

Eh quoi ! des doux rayons que dispense l'aurore
    Je vois déjà l'orient qui se dore,
    Et des accents d'allégresse et d'amour
Dans les champs, dans les bois, ont salué le jour,
      Et moi je ne suis pas encore
Dans le charmant bosquet où la reine des fleurs
    Hier d'amour me vit l'ame embrasée !
Ainsi parla Zéphire, et, secouant les pleurs
    Que sur son aile a formés la rosée,
      D'un vol rapide il fend les airs ;
Il arrive au bosquet... ô fortune inconstante !
    Zéphire en vain cherchera son amante,
    Et ces beaux lieux pour lui seront déserts ;
Il ne sait pas, hélas ! qu'un pâtre l'a cueillie,
Et qu'entre le corset et le sein de Zélie

Elle va pour toujours se faner et mourir.
Zéphire infortuné, que vas-tu devenir?
A voltiger sans cesse il fatiguait son aile;
Il entend une voix... on le nomme, on l'appelle :
Zéphire, viens ici, viens retrouver la fleur
Objet de ton amour, objet de ta douleur.

    Zéphire vole, il croit apercevoir
      Sa bien aimée... ô vain espoir !
    C'est la pivoine. Il lui dit, l'ame pleine
Du plus amer chagrin : Inutile est ta peine;
    Le rouge en vain est ta couleur;
Qu'à quelque sot frelon ton aspect en impose;
Pour Zéphire jamais il ne sera trompeur :
La pivoine n'a pas le parfum de la rose.

FABLE XIII.

L'ACCAPAREUR ET LE CHARANÇON.

Qui t'amène en ces lieux, insecte parasite,
    Avec ta famille maudite?
J'avais, en ces greniers, fait mettre en beau froment
De quoi nourrir, un mois, un arrondissement;
Je gagnais cent pour cent au moins sur ma denrée;
Par elle je voyais ma fortune assurée.
Mais depuis que sorti de ton obscur réduit,
Au milieu de mes blés le diable t'a conduit,
De mes vastes projets s'écroule l'édifice,
Et je vais vendre, hélas! presque sans bénéfice.
Redoutable brigand, fléau de ma maison,
Que ne puis-je à l'instant, au gré de ma vengeance,

LIVRE IV.

  Par la flamme ou le poison,
Détruire pour jamais ton exécrable engeance.
 — Brigand toi-même, infâme accapareur,
Qui, j'en suis convaincu, voudrais de tout ton cœur
Voir tes concitoyens à la famine en proie :
Ce serait là pour toi le comble de la joie.
Sur le seuil de ta porte, en vain le laboureur,
Qui de sa main sillonne et féconde la terre,
Tout couvert des haillons de l'affreuse misère,
Viendrait te présenter son front humilié,
Tu lui refuserais, avec un cœur de pierre,
Le pain qu'aux malheureux consacre la pitié.
  Enfin, le seul vœu de ton ame
 Est de pouvoir, par un trafic infâme,
  Affamant la société,
  Assouvir ta cupidité.
  Eh bien ! le ciel, en sa colère,
 Semble, en ces lieux, m'envoyer tout exprès
  Pour renverser tes coupables projets ;
Et le mal que je fais est un mal nécessaire :
  Je te contrains, par ce moyen,
  A vendre ce précieux bien,
Ce grain qui du commerce est le premier mobile.
Cesse donc envers moi de t'échauffer la bile ;

Par d'insolents propos cesse de m'étourdir :
Je rentre en mon réduit où je vais m'applaudir
D'avoir pu dépouiller le crime
D'une fortune illégitime.

FABLE XIV.

LE PIGEON MIGNON ET LE RAMIER.

A force d'être heureux quelquefois on s'ennuie.
Un gros pigeon mignon, nourri de pur froment,
Emplumé sybarite, un jour quitta la fuie ;
Ce beau monsieur voulait prendre l'air un moment ;
  Auprès d'un ramier il s'appuie.
Depuis trois mois entiers, presque sans aliment,
L'habitant des forêts, accablé de souffrance,
De la faim et du froid combattait le tourment,
Et traînait dans les champs sa pénible existence.
L'aurore cependant humectait de ses pleurs
    Quelques fleurs ;
    Empressés de les voir éclore,
Les zéphyrs accouraient sur les traces de Flore,
Et du pauvre ramier allégeaient les malheurs.

Tu me parais bien misérable,
Dit le pigeon mignon; dès ce soir, si tu veux,
Tu peux faire cesser ton destin rigoureux;
Prends ton vol, et suis-moi jusqu'à cette tourelle.
C'est l'heure du souper; rien ne t'y manquera.
— Mais ne voudra-t-on point me rogner un peu l'aile?
Et de ma liberté qui donc me répondra?
— Ta liberté! ce n'est que bagatelle.
— Ah! je sens que mon cœur battra toujours pour elle.
— Bon; pourtant l'hiver reviendra,
Et la misère est là. — La misère! on la brave:
Qui ne sait être pauvre est né pour être esclave.

FABLE XV.

LE PILOTE ET LES MATELOTS.

Un homme se plaignait de la rigueur du sort ;
Ésope ainsi voulut relever son courage :
Assailli, lui dit-il, par un affreux orage,
Un vaisseau menaçait de périr loin du port,
    Et déjà l'effroi de la mort
Avait des matelots fait pâlir le visage,
Quand du ciel, par degrés, reparaît la clarté.
    Neptune veut que les autans se taisent ;
    Et sur les ondes qui s'apaisent,
  Le vaisseau vogue avec tranquillité.
De tous les matelots éclate la gaîté ;
Le pilote leur dit ces mots pleins de sagesse :
Tempérons tour à tour la joie et la tristesse ;
Dans cette onde je vois l'image de nos jours ;
La peine et le plaisir en partagent le cours.

FABLE XVI.

LE CASTOR ET SON FILS.

Mon père, ne vous en déplaise,
Nous devrions enfin nous loger plus à l'aise :
Il nous faudrait au moins un bel appartement,
Afin de recevoir nos amis dignement.
En un mot, tout chez nous est mesquin ou gothique.
— Mon fils, écoutez-moi : Depuis que nos aïeux
Sont venus sur ces bords fonder la république,
Sous un modeste toit on se trouvait heureux ;
J'achèverai bientôt ma soixantième année
Sans avoir murmuré contre ma destinée ;
Aussi, je suis surpris de vos projets nouveaux.
Que me demandez-vous ? vous aurez en partage
   Le même héritage.
Mais je ne sais quel diable a troublé les cerveaux !

Pourquoi s'abandonner à des besoins factices ?
Soyons simples toujours, dans nos mœurs, dans nos goûts ;
Mais non, l'on veut du luxe ! ah ! prenons garde à nous,
Fermons-lui notre porte : il mène à tous les vices.

FABLE XVII.

LE CHIEN DE BERGER ET LE PORC A L'ENGRAIS.

Vous paraissez, seigneur, ronfler fort à votre aise,
Bien repu, comme on l'est au sortir d'un banquet.
    Je viens ici pour qu'il vous plaise
    De me laisser lécher votre baquet.
Vous voyez que ma peau sur mes os est collée;
Depuis trois jours entiers je n'ai tâté de rien.
— Que cette scène-là, rustaud, souviens-t'en bien,
    Jamais ici ne soit renouvelée.
    Si tu le peux, fais des dupes ailleurs;
Allons, retire-toi, ton aspect m'importune.

    Ainsi, regorgeant des faveurs
Qu'à tant d'autres pourceaux dispense la fortune,
    Sire Goret était fort étonné
    Qu'un autre eût faim quand il avait dîné.

FABLE XVIII.

LE ROCHER.

Pour renverser un roc, et les vents et Neptune
  Firent un jour cause commune.
Éole sur sa route a semé la terreur;
Il fond sur le rocher, l'embrasse avec fureur;
Neptune lui répond, et du fond de l'abime
Le flot qu'il a lancé du roc blanchit la cime.
Inutiles efforts!... et des vents et des flots
  Contre sa masse expire la furie;
  Il est debout, et leur ligue ennemie
  Ne peut jamais en troubler le repos.

Ce roc inébranlable offre à mes yeux l'image
    Du sage
Qu'Horace, en traits de maître, a peint dans ses beaux vers.
Contre lui la fortune assemble ses revers;

Elle arme contre lui l'injustice et l'outrage ;
Mais, tranquille au fort de l'orage,
Il ne peut en être abattu,
Et marche le front haut, certain de sa vertu.

FABLE XIX.

LE TAUREAU ET LE BŒUF.

Tout couvert de sueur, un taureau vigoureux,
    Sous ses bonds fougueux
    Des prés foulant l'herbe,
Vers le ciel désormais levait un front superbe,
    N'ayant plus d'un joug odieux
Qu'un fragment sur le col... O bête encor sauvage !
Qu'as-tu fait ? dit le bœuf ; la fourche, dès ce soir,
    Te fera bien rentrer dans ton devoir.
Le taureau répliqua : J'endurais l'esclavage,
    Et, déchiré du fer de l'aiguillon,
Comme toi je traçais un pénible sillon.
Mais un jour qu'accablé sous le poids de ma peine,
Je vis à gros bouillons mon sang rougir l'arène,

Du feu de la colère à l'instant embrasé,
Mon maître, sans raison, se montrant implacable,
Mon joug devint insupportable :
Je l'ai brisé.

FABLE XX.

LE LION ET LES ANIMAUX.

Sous certain vieux lion on guerroyait sans cesse;
Un jeune lui succède et règne dans la paix;
De ses sujets partout éclate la liesse.
Un ours, penseur profond et ne riant jamais,
Ne prenait nulle part à la réjouissance.
Pourquoi, lui dit quelqu'un, gardes-tu le silence?
Il répond : Pour ne pas éprouver le remords
Que pourrait me causer une joie insensée :
J'attends pour partager, s'il vous plaît, vos transports,
Que du jeune lion la griffe soit poussée.

FABLE XXI.

L'OURAGAN ET LES ARBRISSEAUX.

L'ouragan murmurait; Éole le déchaine;
L'atmosphère s'ébranle. Il renverse, il entraîne
Les arbres, les buissons. Le faible chalumeau
Tombe avec son épi. Le vénérable ormeau,
 Qui tant de fois sous son ombrage
 Vit folâtrer les enfants du hameau,
Ne résiste pas mieux à son aveugle rage.
En vain le chêne altier oppose ses cents bras;
Ses cent bras de la mort ne le sauveront pas.
Un groupe d'arbrisseaux s'offre sur son passage :
Étroitement unis ils bravent son effort;
 L'un d'eux, le plus grand, le plus fort,
Semble le défier en redressant la tête :
 L'ouragan s'indigne; il s'arrête,

Et dit : Il en est un de vous
Que je veux écraser du poids de mon courroux ;
Écartez donc de lui vos branches tutélaires,
Ou je vous brise tous, arbrisseaux téméraires !
Ils répondent : Malgré ta rage et tes discours,
Nous voulons nous prêter un mutuel secours :
Nous mourrons, s'il le faut ; mais nous mourrons en frères.

FABLE XXII.

L'OISON ET SA GRAND'MÈRE.

GRAND'MAMAN, qu'est-ce donc que j'aperçois dans l'air ? —
Mon ami, c'est l'oiseau chéri de Jupiter. —
Grand'maman, comme il plane ! il se perd dans la nue ;
Je l'ai tant regardé que j'en ai la berlue.
      C'est ainsi que je veux voler.
Regardez donc mon aile. Oui, je peux l'égaler,
Comme lui m'aller perdre au séjour des orages,
Et des autres oiseaux lui ravir les suffrages.
Allons, considérez, je vais prendre l'essor
Et m'élever si haut ! — Non, ne pars pas encor ;
Réprime les élans d'une indiscrète joie,
Ou crains les traits malins, lui dit notre vieille oie,
      Des habitants
      De ces étangs. —

Oh! oh! reprit l'oison, vous nous la donnez belle,
Et frappant l'onde de son aile,
En pointe, il veut s'élancer vers les cieux.
Mais, dans leur vol, on sait que la nature
Voulut que les oisons eussent une autre allure,
Et qu'ainsi l'horizon fixa toujours leurs yeux,
Tandis qu'elle permit au fier oiseau des dieux
De fixer le soleil d'une forte prunelle,
Et de monter tout droit à la voûte éternelle.
Ce qui fit que l'oison, imbécile animal,
Retomba lourdement dans son marais natal,
Où canards et plongeons se firent une fête,
Par leur joyeux sabbat, de lui rompre la tête.
Lors, sa bonne-maman lui dit :
Te voilà donc tout interdit ?
Tu le vois, à présent, tu voulais l'impossible :
Au vol des aigles, seuls l'Olympe est accessible.

FABLE XXIII.

LE NAUFRAGE DE SIMONIDE.

Nourrisson fortuné des Sœurs de l'Hippocrène,
Simonide, cédant au penchant qui l'entraîne,
Par de nobles accords charme sa pauvreté;
Il porte son talent aux cités de l'Asie.
Là, de guerriers vainqueurs il retrace la vie,
Et conserve leurs noms à la postérité.
Ses vers récompensés lui procurent l'aisance.
Malgré les vents et l'onde il conçoit l'espérance
De revoir sa patrie; à Cos il était né.
Enfin de son départ vient l'instant fortuné;
Il s'embarque; ô destin! la mer entre en furie.
D'avance endommagé par les efforts du temps,
Le navire est battu par les fougueux autans;
De la proue à la poupe il se tourmente, il crie;

Son flanc s'entr'ouvre ; il va s'abîmer sous les flots.
Cependant, au milieu des clameurs, des sanglots,
En face du trépas, le passager avide
Se charge de son or. Le sage Simonide,
Seul calme en ce moment, néglige un pareil soin.
Un matelot lui dit : Que veux-tu donc attendre ?
Et ton or ! Il répond : Cet or, tu peux le prendre ;
Tous mes biens sont en moi ; je n'en ai nul besoin.
Mais Éole et Neptune ont redoublé de rage :
Passagers, matelots se jettent à la nage ;
Toutefois, loin du bord, maint et maint naufragé
Par le poids du bagage est bientôt submergé.
Il s'en trouva pourtant qui gagnèrent la terre.
Tous, au même moment, se virent condamnés
A céder aux forbans habits et numéraire.
Ainsi, privés de tout, ces gens infortunés
Atteignirent enfin les murs de Clazomène ;
Aux muses dévoué, l'un de ses habitants
Avait lu Simonide ; il admirait ses chants ;
Il l'entend se nommer ; sous son toit il l'emmène ;
Habits, valets, argent, pour lui rien n'est trop cher.
Accusant de leur sort et les vents et la mer,
Ses pauvres compagnons, afin qu'on les soulage,
Vont montrant le tableau de leur affreux naufrage ;

Il les rencontre, et dit : Vous êtes sans soutien,
Sans richesse, à vos yeux, tout paraissait stérile :
Vous voyez bien qu'en moi j'emportais tout mon bien,
Et que l'or est souvent plus nuisible qu'utile.

Malgré sa pauvreté le sage en paix s'endort ;
Lui seul a de vrais biens qu'il ne perd qu'à la mort.

FABLE XXIV.

LE CHÊNE.

Avril 1830.

Un chêne dominait une forêt entière,
Et de son front audacieux
Il semblait défier les cieux.
Mais au loin gronde le tonnerre;
Le bruit approche.... Les éclairs
Autour du chêne ont sillonné les airs,
Et la foudre
Met en poudre
Celui qui sans aucun revers
De cent ans avait atteint l'âge.

Il avait compté sans l'orage.

LIVRE CINQUIÈME.

LIVRE CINQUIÈME.

FABLE I.

L'HISTOIRE ET LA FABLE.

L'Histoire gourmandait la Fable en ces paroles :
Avec toutes vos paraboles,
Vos contes à dormir debout,
Que produisîtes-vous d'utile ? rien du tout.
Laissez donc vos billevesées ;
Laissez vos fictions usées ;
Don Bertrand, Jean Lapin, Rodilard, Ratapon,
Personne ne veut plus de votre rogaton.
Moi, des Assyriens, des Mèdes et des Perses,
Des Romains et des Grecs, des nations diverses,

Je retrace les faits, les combats, les exploits,
Les usages, les mœurs, les coutumes, les lois,
Et je suis de bienfaits une source éternelle.
— Bien dit, ma foi, bien dit. Je reconnais vos droits;
Mais fûtes-vous toujours à vos devoirs fidèle,
　　　Et n'avez-vous jamais mis de côté
　　　　　La vérité ?
— Banale objection, sottise, bagatelle ;
Taisez-vous, écoutez : J'embrasse tous les temps;
　　　Le globe avec ses habitants ;
Le genre humain entier ! je dis, je fais connaître
Ce qu'il fut, ce qu'il est. — Moi, ce qu'il devrait être.

Yzeures, 23 septembre 1839.

FABLE II.

LES OISEAUX.

Tout au plus épais d'un bocage
Mille oiseaux étaient rassemblés ;
De ce lieu les hôtes ailés
N'avaient jamais fait tel tapage.
Le geai ; l'œil animé, le toupet hérissé,
S'écriait : Mes amis, montrons tous de l'audace ;
Vous verrez, j'en réponds, il sera terrassé.
Toujours d'avis de l'attaquer en face,
Ainsi parlait le merle : En ce jour vengeons-nous ;
S'il reparaît, qu'il tombe sous nos coups.
Le moineau, le pinson, le bouvreuil, la linotte,
Chantaient aussi sur même note.
Chacun disait un mot, ou donnait un conseil ;
En ce moment, pour eux à nul autre pareil,

On dit même qu'on vit plus d'une tourterelle
Roucouler de fureur et battre aussi de l'aile.
Mais vous n'avez encor qu'un faible échantillon
　　　Du carillon,
　　　　Puisque la pie,
　　　　Dame harpie,
　　　　Comme un traquet,
　　　　Par son caquet,
　Et l'étourneau, plus tapageur qu'un carme,
　De cent pour cent augmentaient le vacarme.
Contre qui, dites-vous, formaient-ils ce projet?
　　　Qui devait en être l'objet?
Un autre oiseau. Mais l'air a frémi sous son aile.
De nos gens la frayeur assiége la cervelle,
Et pie et sansonnet, les derniers à parler,
　　　Sont les premiers à détaler.
　　　　C'est ainsi, naguère,
　　　　Que j'ai vu chez nous
　　　　Déclarer la guerre,
　　　　Se mettre en courroux,
Contre un guerrier superbe enfermé dans une île :
J'ai vu plus d'une agace et plus d'un sansonnet,
　　　Portant chapeau, portant bonnet,
　　　Contre lui s'échauffer la bile,

Et s'écrier : Je veux, ferme comme un piquet,
Tenir bon s'il revient. Il paraît.... au plus vite
 Chacun se tait ou prend la fuite.
 Ces gens n'avaient que du caquet.

Chateauroux, 1816, à mon retour des Prisons de la Russie.

FABLE III.

LE BON MÉNAGE.

Rendons grâces à dieu! gloire en soit à notre âge!
Je viens de voir un bon ménage.
Jamais hymen ne fut plus doux.
Mais sort cruel, sort plein de rage!
Huit jours après la noce, on enterrait l'époux.

FABLE IV.

L'ARBRE A PAIN ET LE SAUVAGE.

L'ARBRE.

Quand de mes fruits je te nourris,
Pourquoi mutiler mon branchage ?

LE SAUVAGE.

Ton indiscret murmure excite mon mépris ;
Je te mutilerai, ma foi, bien davantage.

L'ARBRE.

Je dois tout craindre de ta rage.

LE SAUVAGE.

Encore un mot, et tu péris.

L'ARBRE.

Ainsi j'ai vu tomber mes frères ;
Ainsi tu te privas de leurs fruits salutaires ;
Comme eux, quand il faudra, je saurai te braver.

LE SAUVAGE.

C'en est fait, de la mort rien ne peut te sauver.

L'ARBRE.

Je tombe, mais j'en ai la conscience intime,
Un jour de tes forfaits tu seras la victime.

FABLE V.

LE COUCOU ET LA TOURTERELLE.

Pour mieux conserver ma santé,
Et ma fraîcheur et ma beauté,
Enfin pour échapper à la triste corvée
De la couvée,
Je ne fais plus de nid; je vais dans ceux d'autrui
Déposer tous mes œufs à compter d'aujourd'hui.
C'est ainsi que parla certain coucou femelle,
Qui jadis établit cet usage nouveau;
Et le nid d'une tourterelle
Reçut un jour un œuf de ce méchant oiseau;
Elle en prend si grand soin qu'enfin elle fait naître
Un fort joli petit coucou.
Elle ne tarde pas à pouvoir reconnaître,
A son bec droit, à son long cou,

Qu'il ne ressemble point à ses propres enfants;
Mais son bon cœur lui dit de le traiter de même.
Pour ce fils adoptif sa bonté fut extrême.
Bref, comme père et mère ils devinrent tous grands.
Notre orphelin, dit-on, pour prix d'un tel service,
Montra l'amour d'un fils à sa chère nourrice.
      Mais voilà qu'un jour,
Celle qui le conçut, sa mère naturelle,
      Vint jusqu'au séjour
Qu'avait, depuis longtemps, choisi la tourterelle.
C'est bien en cet endroit, oui, je me le rappelle,
Que je pondis un œuf. C'est mon fils que je vois;
Parlons-lui : Mon enfant, pour la première fois,
Sache que c'est à moi que tu dois la lumière;
Viens vite m'embrasser... mais quoi, ce que je dis
Ne touche point ton cœur ! ingrat, je te maudis !
Reste donc à jamais avec cette étrangère.
    A l'instant, sans trop s'émouvoir,
La tourterelle dit : C'est toi, bonne commère,
Qui maudis mon élève ! adieu, jusqu'au revoir;
Tu voudrais exercer tous les droits d'une mère,
      Sans en remplir aucun devoir !

FABLE VI.

L'AUTOUR ET LE MILAN.

Carnivores oiseaux, deux tyrans emplumés,
L'autour et le milan, de carnage affamés,
Combattent au milieu de la plaine azurée.
Ils se portent des coups aussi prompts que l'éclair;
Sous leur bec teint de sang, sous leur griffe acérée,
Leur plumage arraché tourbillonne dans l'air.
A tant de rage enfin il faut qu'un d'eux succombe.
   De quel côté venait le tort?
Quel était le motif de ce combat à mort?
C'est à qui mangerait une pauvre colombe.

FABLE VII.

L'OR.

L'or un jour adressait des reproches aux dieux :
Je ne sais pas comment, dit-il, vous pûtes faire
Pour me soumettre aux coups de ce métal vulgaire
Que l'on appelle fer, ce métal odieux
Qui sans pitié me bat. O rigueur infinie !
Moi qui peux décider de l'essor du génie ;
Moi qui fais chanceler jusques à la vertu... —
Doucement, dit le Sort, de quoi donc te plains-tu,
Quand d'un rôle si beau tu te vantes toi-même ?
Rien ne peut transgresser ma volonté suprême,
Et toujours, par le fer tu te verras battu.

Tant que tu produiras, France, terre chérie,
Le fer dont notre main sait tracer des sillons,
Le fer dont sont armés tes nombreux bataillons,
Nos cœurs pourront vibrer au doux nom de Patrie !

Et tant que le travail et l'intrépidité
Seront de tes enfants le plus bel héritage,
L'étendard de la gloire et de la liberté
De la ligue des rois affrontera la rage.

FABLE VIII.

L'ANE ET L'OIE.

Je contemplais un jour les îles que la Seine
Embrasse de ses eaux en face de Surène;
Dans l'une j'aperçus, sur de riants gazons,
De fleurs tout émaillés, une bande d'oisons
Que leurs mères guidaient. Au même pâturage
Un âne se trouvait; commensal insolent,
Sans respecter en rien ni le sexe ni l'âge,
    Il va paître brutalement
    Droit sous le nez d'une vieille oie.
De l'oiseau courroucé l'aile qui se déploie
    Sur les naseaux frappe le bourriquet.
    Pour lui, qu'était-ce qu'un coup d'aile?
    Presque rien, une bagatelle.
Le bec rouge d'affront, la maligne femelle,
    Le voyant là comme un piquet,

LIVRE V.

Le saisit à la lèvre, et s'y tient suspendue.
Tout comme un possédé, pour le coup l'âne rue;
    Mais à rebours; il n'atteint que le vent.
Par derrière il combat, lorsqu'il est par devant
En prise à l'ennemi. L'âne avait la berlue,
    C'est bien prouvé; mais pour lui, par bonheur,
La nuit vient, et l'oiseau se proclame vainqueur.

En vain tu serais fort comme le fils d'Alcmène,
Fort comme un éléphant, si tu n'es qu'un brutal,
    Un âne, un stupide animal,
Le plus faible ennemi peut te vaincre sans peine.

FABLE IX.

LES CHATS-HUANTS.

La pudique moitié de maître chat-huant,
Quoique déjà vieillotte, était encor féconde ;
　　　Elle mit six enfants au monde,
Vrais bijoux s'il en fut. Chacun d'eux devint grand ;
Ils volèrent bientôt à cent pas à la ronde.
　　　Dès qu'ils sont rentrés au logis,
　　　La bonne mère de famille,
S'admirant dans son fils, s'admirant dans sa fille,
　　　Et jusque dans ses petits-fils,
　　　Se souvient d'avoir été belle.
Tous viennent, à sa voix, se ranger autour d'elle ;

Elle leur dit, comme les grand'mamans :
Qu'avez-vous vu ? que dit-on, mes enfants ?
De mon temps, je me le rappelle,
Tout allait à ravir ; temps de félicité !
Mais celui d'à présent de tous est bien le pire.
Voyant que sa maman soupire,
Un jeune chat-huant, petit enfant gâté,
Lui dit : Pourtant, maman, quand nous quittons le gîte,
Tous les petits oiseaux s'envolent au plus vite ;
Chacun d'eux en un coin va chercher un abri,
Et n'ose proférer le moindre petit cri,
Quand nous seuls, dans les airs, volons à tire d'aile.
Même cet hôte des buissons,
Que l'on appelle Philomèle,
Qui fait gémir l'écho de ses tristes chansons,
Est obligé de garder le silence,
Quand nos joyeux hou, hou, frappent l'air en cadence.
De la bonne maman ceci gonfla le cœur.
Tout se passait avec tant de bonheur !
Son cher petit avait tant d'éloquence !
Mais pour donner à tout un air religieux,
Elle ajouta : Malgré vos chants mélodieux,
Et malgré votre vol rapide,
Qu'en tout l'humilité vous guide ;

Aux faiblesses d'autrui montrez-vous indulgents,
  Car Dieu, voyez-vous, mes enfants,
N'accorde pas à tous de naître chats-huants.

FABLE X.

LE PAPILLON ET LE LIMAÇON.

C'était au mois de mai : la terre était parée
De verdure et de fleurs. Né d'hier seulement,
Un papillon bien fier de sa robe dorée,
Et pour mieux l'étaler toujours en mouvement,
Gaîment se pavanait au milieu d'un parterre.
Il baisait une rose, effleurait un buisson.
Mais sous le bel habit, quel chétif caractère !
Dans un coin du jardin, l'innocent limaçon,
Lentement sur le sable emportait sa coquille.
Le beau monsieur rôdait autour d'une jonquille ;
Il voit le promeneur : Quelle espèce, bon Dieu !
Sommes-nous faits, dis-moi, pour vivre en même lieu ?
Jardinier ! jardinier ! si ton maître te paie,
C'est pour le mieux servir. Que par dessus la haie

Le vilain soit jeté; lui seul, en ces bosquets,
Suffit pour empester jasmins, roses, muguets.
Accours donc à ma voix. Le limaçon s'arrête;
Vers l'insolent parleur il redresse la tête :
Il te sied bien, dit-il, d'avoir tant de dédain!
Chenille, tu rampais naguère en ce jardin;
Ton habit n'y fait rien : je te connais, beau masque!
Que j'en ai vu déjà prendre le même ton;
Ils ont tous disparu. Suffit d'une bourrasque
Pour t'emporter comme eux. Tais-toi, vil avorton;
Chenille avant le temps de ta métamorphose,
Aujourd'hui papillon, tu te crois quelque chose :
Ton nom seul est changé. Sous le même buisson,
 Moi je naquis et mourrai limaçon.

Hautes-Raimbaudières, 12 Janvier 1832.

FABLE XI.

LE COQ.

Prophète d'une basse-cour,
Du Mans originaire, un coq faisait connaître
Les changements du temps. Il plut tant à son maître
Que le château devint son unique séjour.
    De tout le monde il obtient la tendresse ;
    Chaque valet lui fait une caresse.
Agissant à l'envi, monsieur et ses enfants,
Ses parents, ses amis, les gens du voisinage,
Célèbrent en tous lieux l'oracle du village.
Un jour, après la pluie, on entend ses accents :
    —C'est du beau temps !
      Pleins d'espérance,
      De confiance,
Le fermier, dès l'aurore, attèle ses taureaux ;
Le jardinier reprend sa bêche et ses râteaux.

Mais au milieu de leurs travaux,
Du ciel l'intempérie aussitôt recommence.
C'est la faute du coq. Ce funeste animal
  Est la cause de tout le mal :
Il a mal conseillé, produit les giboulées ;
Il a refroidi l'air, amené les gelées ;
  Il a perdu les champs et les guérets,
   Et la semence et les engrais :
  Il faut que le monstre périsse.
 Le pauvre coq, en allant au supplice,
Disait : De mes malheurs je fus seul l'artisan,
Et voilà ce que c'est que d'être courtisan.

FABLE XII.

PETIT-JEAN ET SON PÈRE.

Le temps fuyait, pas assez vite
Pour Jeannot qui voulait goûter de certain fruit ;
  Le drôle aussi, du matin et sans bruit,
S'en va droit au poirier, le saisit et l'agite.
Rien ne tombe ; il redouble, encor rien ; bientôt las,
Il court chercher l'échelle et ne la trouve pas.
  Soudain de grimper il s'avise :
Déjà sa main s'étend ; mais sa force s'épuise.
Il faut bien retomber. Jean, plus impatient,
  Trouve un dernier expédient :
Il lance son bâton. La poire bien visée
  Tombe avec la branche brisée.
  Quel coup ! et du friand Jeannot
  Comment peindre toute la joie?
  Il fallait voir le maître sot,
  Sautant à l'aspect de sa proie,

Sur elle s'élancer avec rapidité.
Mordons, mordons, dit-il ; trois fois sa dent refuse ;
Trois fois il recommence, et trois fois il s'abuse ;
Enfin sa dent pénètre ; alors notre entêté
  Du fruit reconnaît l'âpreté ;
  Il le jette et, plein de colère,
  En jurant maudit son erreur.
A ses yeux aussitôt se présente son père,
  Qui l'abordant lui dit avec douceur :
Fais, mon cher fils, cesser de vains murmures ;
Attends pour les cueillir que les poires soient mûres.

FABLE XIII.

LA BREBIS ET LE CHEVREUIL.

Presqu'au sein des forêts, sous les riants ombrages
Des chênes du vallon, sur la rive des eaux
Dont le cours fécondait de vastes pâturages,
  Un berger gardait ses troupeaux.
  Grâce à la présence d'un maître
Qui fatiguait l'écho des airs de son haut-bois,
Et moutons et brebis à souhait pouvaient paître.
En grand nombre en ces lieux les chevreuils quelquefois,
Pour se désaltérer, venaient à la courance *
  Qui s'enfuyait le long des bois.

* C'est de la néologie, je l'avoue; car ce mot, qui signifie, dans les départements de l'Indre et d'Indre-et-Loire, un cours d'eau formé par les pluies, lequel n'est pourtant ni un ruisseau, ni un torrent, n'a encore été employé que dans les actes des notaires, des avoués, etc., et ne se trouve dans aucun de nos vocabulaires. Quoi qu'il en soit, je n'ai pas hésité à m'en servir, parce que j'ai cru, tant il est doux à l'oreille, que la poésie ne pouvait qu'y gagner.

Avec une brebis l'un d'eux fit connaissance,
A tel point que souvent, sous le feuillage épais
Qui des feux du midi tempérait l'influence,
Couchés l'un près de l'autre, ils discouraient en paix.
La brebis s'étendait sur le rare avantage
De vivre et de mourir sous la loi d'un berger
Qui n'avait d'autres soins que de les protéger.
Sous lui, non seulement on avait en partage,
    Durant le cours de trois saisons,
Les ombrages, les eaux et l'herbe des gazons;
Mais encor, de retour en de chaudes maisons,
    L'hiver, chacun pouvait prendre à sa guise
Ou la feuille ou le foin pour faire son repas.
    Le son et l'eau ne manquaient pas.
C'était avec plaisir, à l'abri des frimas,
    Qu'on entendait souffler la bise.
Personne ne pouvait avoir plus de bonheur;
    Tandis qu'au fond de sa tanière,
    L'animal sauvage, au contraire,
Pouvait mourir de faim, de froid ou de frayeur;
Avec l'homme partout il se trouvait en guerre.
Le chevreuil cependant trouvait mauvais qu'un chien,
Souvent pour peu de chose, et quelquefois pour rien,
Des brebis, des agneaux, pût arracher la laine;

Qu'il eût même la liberté
De les mordre. — Cela ne valait pas la peine
Qu'on en parlât. D'ailleurs, avec facilité,
Lui-même jugerait de la félicité
Accordée aux brebis grâce à la Providence.
Tout auprès de l'étable, à la faveur des buis
Qui formaient une haie, il se tiendrait tapis ;
Et ni chien ni berger n'en aurait connaissance.
Le chevreuil, le soir même, à l'heure où le bétail
Reprenait tous les jours le chemin du bercail,
Se rend à l'endroit dit ; il s'embusque en silence.
En tête du troupeau le gros bélier s'avance ;
Il entre dans la cour. Tout le suit. Le chevreuil
Est toujours aux aguets ; rien n'échappe à son œil.

  D'abord, il voit la ménagère,
Un genou sur le sol, qui s'empresse de traire
Mainte mère brebis. Ah ! c'est pour éviter
Que les petits agneaux, à force de téter,
Ne se fassent du mal. — Non, lui dit son amie,
  C'est pour le maître un aliment. —
Mais que vois-je ! dis-moi, quelle est cette infamie ?
  Malgré leur plaintif bêlement,
On saisit ces moutons. Hélas ! je les vois tondre
Jusqu'à la peau. Hé bien ! que vas-tu me répondre ?

— C'est pour nous délivrer du poids d'une toison
Qui nous échaufferait dans la belle saison ;
Un maître n'eut jamais plus de sollicitude.
— Pourtant de votre laine il se fait des habits.
Hem ! je vois maintenant qu'il a pour habitude
De s'occuper de lui bien plus que des brebis.
    Pourquoi, près de la bergerie,
    De ces moutons fait-on des lots ?
Pourquoi faire une marque à ceux-là sur le dos ?
— Ces moutons-là sont gras ; c'est pour la boucherie.
— Et l'homme que je vois lentement s'approcher,
Que veut-il ? son regard porte en moi l'épouvante ;
Ah ! de leur sang je crois voir sa main dégouttante !
— Calme-toi donc, mon cher ; cet homme est le boucher...
— Assez. Que je te plains ! Adieu, ma pauvre amie !
Dans le fond des forêts je cours cacher ma vie.

FABLE XIV.

LE PHILOSOPHE ET LA VEUVE.

La nuit avait jeté ses voiles sur la terre ;
Elle enveloppait tout dans son obscurité.
Mais bientôt de Phœbé la bénigne clarté
Vient diriger les pas d'un penseur solitaire,
Jusqu'au fond du vallon où murmurent les eaux
Du ruisseau qui s'enfuit à travers les roseaux ;
Où s'élève la croix qui marque la poussière
Où, malgré leur orgueil, les hommes sont égaux.
C'était là que souvent, au milieu des tombeaux,
Aux méditations son ame était livrée.
Il entend quelque bruit. En vêtements de deuil,
Une femme à genoux semblait, sur un cercueil,
De pleurs mouiller la terre aux mânes consacrée ;
Il s'avance vers elle, et voit facilement
Sa main d'un éventail frapper l'air vivement,

Auprès d'un mausolée
Où depuis peu la terre était amoncelée.
Qui que tu sois, dit-il, d'un soin bien surprenant
Révèle-moi la cause ?
Depuis deux jours ici mon digne époux repose,
Et telle est du défunt l'expresse volonté,
D'hymen que je ne dois renouveler la chaîne
Que le jour où le vent aura de son haleine
De cette terre-là pompé l'humidité.
Si donc à frapper l'air tu me vois attachée,
C'est afin qu'elle soit plus vite desséchée.

FABLE XV.

LE VILLAGEOIS ET SON CHIEN.

Je m'autorise ici de ce vers de Boileau :
Le vrai peut quelquefois n'être pas vraisemblable.
Et c'est pourquoi je veux, sous le titre de fable,
De l'histoire d'un chien retracer le tableau.
Un pauvre villageois accablé de misère,
N'ayant que ses deux bras pour unique soutien,
Va travailler aux champs et laisse en sa chaumière
Un enfant au berceau sous la garde d'un chien.
Jetant à pleines mains ses pavots sur la couche
De cet enfant, Morphée avait tari ses pleurs ;
Il était loin, hélas ! de prévoir ses malheurs ;
Le sourire entr'ouvrait son innocente bouche.
A quelques pas de là, son gardien s'est couché ;
Il paraît endormi, mais vive sentinelle
Vers le berceau souvent il tourne sa prunelle.
  Cependant, dès longtemps caché,

Sous les débris de la muraille,
Et le corps tout couvert par une affreuse écaille,
    Un épouvantable serpent
Déroule ses anneaux. Une secrète issue
Conduit dans la maison; il s'avance en rampant;
Le pauvre enfant soudain vient s'offrir à sa vue;
Le monstre tout entier s'en émeut de plaisir;
Il se redresse, il siffle et va pour le saisir :
Mais qui pourrait du chien tromper la vigilance?
Il tend l'oreille au bruit : il le voit, il s'élance;
Son jappement trois fois a sonné le combat;
De son triple aiguillon le serpent le menace.
C'est en vain. Sur le monstre il fond avec audace,
Le saisit et sans vie à ses pieds il l'abat.
Mais en donnant la mort à cet affreux reptile,
Le chien renverse, hélas! la couche trop mobile;
Elle couvre en tombant le corps de l'ennemi.
Le villageois revient à son heure ordinaire;
Il allait pour franchir le seuil de sa chaumière,
Quand du désordre affreux tout son cœur a frémi.
Il recule d'horreur, jette un cri lamentable
    Et dit : C'est toi, chien exécrable!
    C'est toi qui détruis pour toujours
    Le seul espoir de mes vieux jours!

A tant d'atrocité je voudrais ne pas croire ;
 Mais j'en trouve sur ta mâchoire
La preuve indubitable : elle est teinte de sang.
Le chien par ses regards exprime sa tendresse ;
Il fait mouvoir sa queue en signe d'allégresse :
Son maître ne voit rien ; il lui perce le flanc.
Le fidèle animal à l'instant même expire.
Funeste aveuglement! déplorable délire !
Sous la couche il a vu le monstrueux serpent,
Et retrouvé l'objet de sa douleur amère.
Mais son chien n'était plus, et jamais ce bon père
Ne put se consoler de son emportement.

Ministres de Thémis, retenez cette fable :
A d'infaillibles traits discernez le coupable ;
Craignez de vous couvrir d'un opprobre éternel
En frappant l'innocent au lieu du criminel ;
Sur vous rejaillirait le sang de la victime :
La vertu peut avoir l'apparence du crime.

FABLE XVI.

LES VOLEURS.

Le sujet que je traite est d'un autre, je pense;
Sans doute ce n'est là qu'une réminiscence.
Mais si je possédais, en cette occasion,
Le secret de ton art, ô divin La Fontaine!
Je pourrais, dans l'accès d'une facile veine,
  Des charmes de la diction
Embellir ce sujet, et balancer sans peine
  La gloire de l'invention.
Toutefois essayons : Un ci-devant ministre,
  Au regard louche, au front sinistre,
  Je ne sais sous quel potentat,
  Depuis longtemps volait l'État.
Son excellence avait un secrétaire intime
  Qui, garçon très intelligent,
  Savait ce que valait l'argent;

Il volait monseigneur. Sans croire faire un crime,
    Et depuis vingt-cinq ans admis
    A travailler au ministère,
Un vieux commis volait monsieur le secrétaire.
Un garçon de bureau volait notre commis;
Et c'était ce dernier que volait une agace.
Tous sentaient, dit quelqu'un, la corde ou le fagot,
Et déjà Satanas les tient sous son ergot.
Doucement, s'il vous plaît; y songez-vous, de grâce?
    Comment! pendre des gens en place!
    L'on ne pendit que la margot.

FABLE XVII.

L'ARAIGNÉE ET L'ABEILLE.

Quel motif, chaque jour, si matin vous éveille?
A quoi donc pouvez-vous passer tous vos instants?
Moi je sais que je dors bien plus que je ne veille.
  C'est en ces mots que répondit l'abeille :
Apprenez la raison de mes travaux constants :
Le bonheur de la vie est dans l'emploi du temps.

FABLE XVIII.

L'ÉCUREUIL.

O toi ! qui sans rival, mon maître, ô La Fontaine !
De l'antique apologue agrandissant la scène,
Fis agir ou parler, tour-à-tour, dans tes vers,
    Tant de personnages divers :
Les chèvres, les lions, et l'huître, et l'hirondelle ;
Les grenouilles, les ours, l'éléphant, la gazelle,
Les singes, les renards, les loups et les brebis ;
Jean-Lapin, Ronge-maille et Raminagrobis ;
Les hommes, les serpents, les poissons, la cigale ;
Toi surtout qu'en ton style aucun autre n'égale,
Parmi tous ces acteurs, en ton divin recueil,
Vainement j'ai cherché le gentil écureuil ;
Je n'ai pu le trouver. Pardonne mon délire,
Une seconde fois pour lui je prends la lyre ;

Il intéresse tant, surtout emprisonné,
Quand sur lui pèse aussi, dans une étroite cage,
L'horrible loi de l'esclavage !
Pour vivre libre, hélas ! pourtant il était né.
Contradictoire fin, conflit, double puissance,
Qui de l'homme à jamais confond l'intelligence !
Et l'homme cependant, esclave du destin,
Qui voit le jour pour être ou Voltaire ou cretin,
Maître ou serf, pâtre ou roi, bourgeois ou prolétaire,
Qui vit un siècle, une heure, et vide sur la terre
La coupe des plaisirs ou la coupe des maux,
Eh bien ! l'homme, *ce roi de toute la nature*,
Lui qui toute sa vie et mutile et torture,
Par caprice ou besoin, les autres animaux,
  Dans une cylindrique geôle,
  Mobile sur son double pôle,
Une cage de fer, l'homme tenait captif
L'écureuil si joli, si léger et si vif.
Quel ennui ! quel chagrin ! quelle affreuse contrainte !
Qu'il aurait bien voulu sortir de cette enceinte !
  Pauvre petit ! venez donc voir
Comme rapidement ses pattes font mouvoir
Sa cage où l'espérance est sa seule compagne.
Il tourne, il se croit libre au sein de la campagne,

Tourne toujours, franchit les ravins et les monts,
Traverse, en frêle esquif, les fleuves, les riviéres;
Voit, sous ses bonds,
Fuir les bruyères,
Les champs féconds
Et les vallées,
De papillons,
De fleurs peuplées.
Le globe entier
Est son domaine;
Le doux sentier
Qu'il suit, le mène
A la fontaine;
Puis, à loisir,
Avec plaisir,
Il boit l'eau pure,
Mange les fruits
Qu'il a cueillis;
Puis, de verdure,
Au bois épais
Demande un dais,
Et, sur un chêne,
Se livre en paix,
Loin de sa chaîne,

    Vif et dispos,
    Au doux repos.
Trop court enivrement, déception perfide ;
   De liberté songe rapide ;
Inutiles efforts, mouvements superflus ;
   Il se fatigue ; il n'en peut plus ;
Il s'arrête. Aussitôt l'illusion s'envole,
Et le pauvre écureuil est toujours dans sa geôle.
Dans un étroit salon, besicles sur le nez,
Les pieds auprès du feu par la goutte enchaînés,
Considérez un peu *ce philosophe austère*
   Dans un fauteuil à la Voltaire :
Il embrasse en idée et l'espace et le temps ;
Tout l'univers ensemble. Il voit, dans leurs orbites,
Les planètes tourner avec leurs satellites
Tout autour du soleil ; voit, dans leurs éléments,
   Les elliptiques mouvements
   Des comètes aventurières.
Va-t-il donc s'arrêter ? non ; il suit, dans ses erres,
Mainte étoile filante, au mois d'août, tous les ans ;
   Puis, il voit des célestes sphères
   Les innombrables millions,
Qu'unit l'attraction, rouler en tourbillons
Autour d'autres soleils qui se meuvent eux-mêmes,

Et gravitent sans cesse, avec tous leurs systèmes,
Autour d'un centre unique, un astre sans pareil,
   Incommensurable soleil,
Et source intarissable, éternelle, infinie,
D'où jaillit la chaleur, la lumière et la vie.
Pour lui la vérité sort du fond de son puits ;
Le jour éclate après de longs siècles de nuits.
  Il a tout vu dans son audace extrême,
     Dieu même !
  Mais pour fesser le grand orgueil
Du petit philosophe, il advient que la goutte
Se réveille, lui met la cervelle en déroute ;
Et l'avertit qu'il est encor dans son fauteuil.

Hautes-Raimbaudières, 26 septembre 1839.

A J. LÉONARD* (DE PROVINS),

mort à l'âge de 45 ans, au mois d'août 1845, dans le petit bourg de Vicq (Vienne), où il exerçait la médecine avec une haute distinction.

A toi, mon pauvre ami, toi, mon cher Léonard,
Qui marchant dans Paris si souvent au hasard,
Qui si souvent des quais suivant les longues files,
Considérant humains, quadrupèdes, reptiles,
Savais trouver entre eux tant de rapports divers,
Je te dois le sujet qu'ici j'ai mis en vers.
Alors que nous étions ivres de poésie,
Qu'il nous semblait des dieux savourer l'ambroisie,
Qu'au sein de l'avenir plongeait notre coup-d'œil,
Nous n'apercevions pas à nos pieds le cercueil,
Où tu devais, hélas! si promptement descendre.
Tu n'es plus à présent qu'un peu de froide cendre.

* On reconnaîtra que ces vers devaient être placés immédiatement après la fable qui précède.

Tu mourus à cet âge où le sang bout au cœur,
Où tu rêvais encor de gloire et de bonheur.
Pour le bonheur trop tôt, et trop tôt pour la gloire,
Pauvre ami, tu mourus. Hommage à ta mémoire;
A tes mânes, vengeance! en son stupide orgueil,
Quand tout Vicq aurait dû pour toi prendre le deuil,
Quand tes amis pleuraient, un prêtre en sa démence,
Du Christ foulant aux pieds la douce tolérance,
A la mort insultant jusque sous son niveau,
Au poète, au savant, refusait un tombeau.
Mais du peuple français l'indomptable génie,
Qui sut briser le joug de toute tyrannie,
Dans le fond du Poitou, veillant jusque sur toi,
Par le maire de Vicq faisait parler la loi,
Et d'un bourg ignoré le petit cimetière
T'abritait à jamais de son humble poussière;
Toi qu'on vit tant de fois, dans le double vallon,
Couronné des lauriers que dispense Apollon;
Qui, du monde savant, devais par des ouvrages
Que tu n'as pu finir, conquérir les suffrages;
Toi qui laissas un nom qui, de la mort vainqueur,
De Provins, ta patrie, un jour sera l'honneur.

FABLE XIX.

LES ANIMAUX.

Oh! combien d'animaux le sort, dans les deux mondes,
Fit ramper sur le sol, planer au haut des airs,
Gazouiller dans les bois, rugir dans les déserts
    Et voyager au sein des ondes!
Quelle diversité de langage, de cris,
De formes, de couleurs, d'instinct, de caractère!
  Comparez l'aigle à la chauve-souris,
La timide gazelle à l'affreuse panthère,
La mouche à l'éléphant, la tortue au cheval;
Mais c'est assez. Il est surtout un animal
Qu'il faut bien observer, car, suivant l'occurence,
Ondoyant et divers, il est prompt à changer
  Du blanc au noir. Vous devinez, je pense?

Pour le trouver à quoi bon tant songer?
Vous faudra-t-il aller du Japon jusqu'à Rome ? —
C'est le caméléon, sans doute. — Eh ! non, c'est l'homme.

Hautes-Raimbaudières, 7 octobre 1839.

FABLE XX.

LE ROSSIGNOL DE L'ALMETTE.

A FEU ROCHIER (DE BERNIER),
le poète de l'Almette.

Du soleil, par torrents, rayonnait la lumière,
La terre n'avait plus de verdoyants tapis ;
Sur de riches sillons jaunissaient les épis ;
Progné frappait les eaux de son aile légère ;
Les troupeaux regagnaient l'étable à pas plus lents,
Et l'orage couvait au sein des airs brûlants.
Dans le fond du vallon où serpente l'Almette,
Sur l'aune aux frais rameaux gazouillait la fauvette,
Lorsque le rossignol, aux échos de ces bords,
N'envoyait plus déjà que de rares accords.

Occupé désormais du soin de sa famille,
Il ne quittait que peu son épaisse charmille.
Oh ! comme il fuit le temps des amoureux désirs !
Il n'est donc pour chanter que de trop courts loisirs ?
De jeunes oisillons la troupe écervelée
Un jour s'abattit là ; puis, de cette assemblée,
Chaque membre disait : Lui, le roi des chanteurs ?
Ma foi, c'est par trop fort. Perruques, radoteurs,
Ceux qui parlent ainsi. Sans mentir, la linotte
   De beaucoup l'emporte sur lui.
   On peut en juger aujourd'hui.
   Bon Dieu ! comme il fausse la note !
   Du sansonnet, ou du pinson,
   Que ne prend-il une leçon ?
   Appeler ça de l'harmonie !
   Quelle complaisance infinie !
   Arrière donc le rossignol.
Cela dit, bien contents, ils reprirent leur vol.
Par le temps qui s'en va, combien de frénétiques,
Pour Pégases montant des *locatis étiques*,
Et faisant de *Rondsar grincer* le violon,
S'imaginant tenir la lyre d'Apollon,
Ou bien du haut Parnasse avoir gagné les cimes,
Quand aux buttes Montmartre ils vont hurler des rimes,

Qui, soufflettant le goût, sur le laid, sur le beau,
L'ignoble et le sublime, étendent leur niveau.
Cependant, au signal que leur donne la grue,
Les laboureurs partout reprennent la charrue;
L'alouette au soleil redit des airs joyeux
Qui meurent par degrés sous la voûte des cieux.
De jeunes papillons, trop empressés d'éclore,
Caressent la pelouse où la fleur manque encore;
L'hirondelle gaîment babille sur les toits.
Mais quels sons ravissants! quelle éclatante voix
Du bois a en ce moment a rompu le silence?
Ah! c'est du rossignol le chant qui recommence,
Et le public ailé, surpris des sons nouveaux,
Convient que loin de lui restent tous ses rivaux.
Tel Rochier, qui, soumis au joug de l'hyménée,
Accomplit les devoirs et de père et d'époux;
Et sacrifie ainsi, presque toute l'année,
A de graves travaux ses travaux les plus doux;
Tel Rochier, que Thémis conduisit à la ville,
Pour tenir sa balance et dicter ses arrêts,
Quand il peut, au printemps, de son champêtre asile
Revoir les prés, les bois, les vergers, les guérets,
Sentant renaître en lui la poétique flamme,
Lance aux faquins, aux sots, la mordante épigramme,

Module des refrains aussi gais que divers,
Pleure sur la Pologne en héroïques vers,
Et toujours au bon sens fidèle en ses ouvrages,
De tous les gens de goût mérite les suffrages.

Hautes-Raimbaudières, 8 novembre 1839.

FABLE XXI.

LES AJONCS ET LE PIN.

Les ajoncs virent naître un pin au milieu d'eux ;
Il était si petit, si chétif et si frêle,
Qu'ils en eurent pitié. Des vents impétueux,
Du souffle ardent du sud, des fureurs de la grêle,
   Et du froid le plus rigoureux,
Il était défendu, grâce à leur assistance.
Il ne comptait encor que trois ans d'existence,
   Et déjà de ses rameaux verts
   Les arbustes étaient couverts.
  Vous abusez d'une étrange manière,
  Lui disaient-ils, de l'hospitalité
Que l'on vous donne ici. Même au cœur de l'été,
Nous ne recevons plus ni chaleur, ni lumière ;
   Nous n'y pouvons tenir longtemps.
Mais le pin était sourd. Au retour du printemps,

A l'arbre ils adressaient des plaintes plus amères :
Nous sentons approcher le dernier de nos jours ;
Nous allons succomber. Inflexible toujours,
Toujours il les couvrait de ses branches altières ;
Ils n'étaient plus pour lui que de viles litières !

Yzeures, 5 Novembre 1839.

FABLE XXII.

LA VIOLETTE ET LE ROC.

Vierge de nos buissons, d'herbes environnée,
La tête sur sa tige humblement inclinée,
La blanche violette allait s'épanouir.
    Loin du grand jour et de l'envie,
Elle semblait vouloir leur dérober sa vie ;
Son suave parfum pouvait seul la trahir.
Le moindre frôlement de l'abeille légère,
Le plus petit rayon d'une vive lumière,
De l'aurore une larme, un souffle du zéphir,
La faisait frissonner. Un roc gisait près d'elle.
Puisqu'un rien, disait-il, te cause tant d'émoi,
Bien piteux est ton sort... Inébranlable, moi,
Qu'il fasse froid ou chaud, ou qu'il tonne ou qu'il grêle,
Je me trouve toujours le même, et, Dieu merci,
L'univers peut crouler, je n'en ai nul souci.

La fleur répond au roc : Qui n'eut jamais d'alarmes,
N'eut jamais grand plaisir, et tout est compensé.
Toujours de la beauté les pleurs doublent les charmes ;
Le ciel revient plus pur quand l'orage est passé.
Ton calme, c'est la mort. Sois à jamais l'image
  D'un stoïcisme déhonté,
D'un égoïsme affreux. Du dévoûment le gage
  Est dans ma sensibilité.

Hautes-Raimbaudières, 12 Novembre 1839.

FABLE XXIII.

L'AIGLE ET LE CHAMOIS.

Rêvez, petits Platons, de grandes harmonies ;
Ajustez-les au mieux dans votre étroit cerveau ;
Il n'est sous le soleil presque rien de nouveau :
Je vois partout lutter deux contraires génies,
Deux principes constants à jamais opposés.
L'enfant souvent à peine ouvre au jour la paupière,
Pour rentrer aussitôt au sein de la poussière.
D'innombrables humains ne sont organisés
Que pour toujours souffrir. Sous sa dent le loup broie
L'agneau que la brebis porte encor dans son flanc ;
De l'ignoble vautour la colombe est la proie ;
Quoique repu, le tigre aime à verser le sang.

Je m'arrête à ces faits. Il n'est point de génie
Qui puisse en découvrir la souveraine loi.
   Ce que l'un croit, l'autre le nie;
Libre à chacun d'avoir son système ou sa foi :
Le mur est trop épais et le lynx n'y voit goutte ;
Au moins c'est mon avis. Plus sage, moi, je doute.
Mais jamais je ne vois, sans douloureux transport,
Le plus faible tomber au pouvoir du plus fort.
A ces monts dont l'hiver a recouvert les cimes
   D'un manteau d'éternels frimas,
Que jamais le chasseur n'a foulé de ses pas
Sans pâlir à l'aspect d'effroyables abîmes,
Le chamois confiait ses jours, sa liberté ;
Mais par d'affreux brigands l'air même est infesté ;
   L'aigle, de ses ailes rapides,
En sillonnait l'azur comme un léger esquif ;
Nul habitant des monts, même le plus chétif,
Ne pouvait échapper à ses regards avides.
Le bronze meurtrier tonne et frappe à la fois :
Sous le tyran des airs se débat le chamois ;
Dans sa laine il enfonce une tranchante serre ;
   En vain de ses cris prolongés
Retentissent au loin les échos affligés,
Le monstre, à coups de bec, lui ravit la lumière.

Torturé par le mal, dans un dernier effort,
De sang tout inondé, sur lui-même il se tord,
Et victime innocente, achevant son supplice,
Avec son bourreau tombe au fond d'un précipice.

A A. PIRAULT,

A qui je n'ai pu lire, un mois avant sa mort, que le commencement de cette Pièce qui devait faire suite à la Fable de l'Aigle et du Chamois, dont l'envoi lui était destiné.

J'AI plus d'un demi-siècle et ma tête a blanchi ;
Mais sous la main du temps si mon corps a fléchi,
Parfois ardente encor rayonne ma pensée :
La lave bout au sein d'une terre glacée.
Près de l'humble foyer de ton humble manoir,
Souvent tu me l'as dit, aux entretiens du soir,
Jusques à son déclin le poète conserve,
S'il a de la vertu, toujours assez de verve
Pour flétrir les méchants, et toujours bat son cœur
Aux noms de liberté, de patrie et d'honneur.
De l'horloge du bourg tintait la douzième heure ;
Tout dormait au hameau. Tu me disais : demeure,
Demeure, nous pourrons vivre en quelques moments,
Bien plus que ne vivraient tant d'autres en mille ans.

C'était vrai. Comme alors nos paroles plus vives
Faisaient communiquer nos âmes expansives !
Oh ! comme nous aimions à tracer le chemin
Que doit pour son bonheur prendre le genre humain !
Au culte du veau d'or, source de tout scandale,
Dans sa sublimité succédait la morale.
Sœur de la liberté, le front toujours serein,
Aux plaines où grondait le formidable airain,
Où l'on vit trop souvent payer une victoire
Avec du sang humain, pour une fausse gloire,
Sous ses pas, aux beaux jours, foulant de verts tapis,
La paix se couronnait et de fleurs et d'épis.
D'un bout du monde à l'autre, au sein de l'abondance,
Tous les peuples formaient une sainte alliance.

Hautes-Grenouillères, 5 Août 1840.

FABLE XXIV.

LES PARAPETS.

Un Sultan, favori de l'aveugle fortune,
S'avançait sur un pont. Quelle imbécillité!
Dit-il, Visir, ceci m'offusque et m'importune.
— Ces parapets, Seigneur?... Que votre majesté
Daigne savoir... — Visir, je ne veux rien apprendre :
Point de barrière donc. Qu'on sache me comprendre.
Le visir s'inclina. Le pont, en un clin-d'œil,
N'eut plus de parapets. Bien digne de son père,
Le fils, au grand galop, accourait par derrière,
Également gonflé de sottise et d'orgueil;
Arrivé sur le pont, son destrier superbe
De peur ronfle à grand bruit. Du grand seigneur en herbe
La colère est au comble; il lui presse le flanc,
Et ses deux éperons se rougissent de sang.

Le cheval rompt le frein et s'élance dans l'onde.
Avec plus de fureur le torrent roule et gronde.
Tous deux vont disparaître. Au secours ! au secours !
Répète en vain l'écho. C'en est fait pour toujours.
Quand parvint au Sultan cette affreuse nouvelle,
Qui lui mit quelque peu de plomb dans la cervelle,
   Il reconnut que sur les ponts
A quelque chose enfin les parapets sont bons.

Hautes-Raimbaudières, 26 Janvier 1840.

FABLE XXV.

LE PAON ET LE ROSSIGNOL.

A A. H.

Le public en tout temps pour le nouveau s'engoue,
A tort comme à raison. Dans la cour d'un bourgeois,
D'épicier devenu gros fabricant de lois,
A côté d'un dindon un paon faisait la roue.
De sa queue étalée aux rayons du soleil
      Brillait l'éventail sans pareil.
Vingt badauds l'admiraient. La vaniteuse bête
  Frappait du pied et redressait la tête.
  D'aucuns criaient à rompre le tympan :
Non, rien dans l'univers n'est si beau que le paon !
Quatre grands marmitons, une antique servante,
Les yeux écarquillés et la bouche béante,

Puis Gros Jean, par derrière allongeant le museau,
Contemplaient, à l'envi, l'incomparable oiseau :
    Et leur extatique attitude
Tenait vraiment un peu de la béatitude,
    Lorsque d'harmonieux accents,
Tout-à-coup élancés du sein de la feuillée,
Viennent frapper l'oreille et captiver les sens
    De toute l'assemblée.
On a quitté la cour pour s'approcher du bois;
Du rossignol chacun veut écouter la voix.

Mécène ainsi quittait, au luxe faisant place,
Un palais pour Tibur, Auguste pour Horace.
Ainsi, dans nos banquets où règne la gaîté,
    Puissant écho du grand poëte,
    Chaque fois que ta voix répète
De notre Béranger les chants de liberté,
Même le plus gourmand, tout-à-coup arrêté,
Et tous ceux que l'Aï de plus en plus captive,
Retrouvent pour t'entendre une oreille attentive.

Hautes-Raimbaudières, 4 Janvier 1840.

FABLE XXVI

LE FABULISTE ET LE TILLEUL.

A E.-D. FAVREAU,

ma femme, pour rendre un hommage de plus à sa mémoire.

> On a moins qu'une amante, on a plus qu'un ami.
> Legouvé.

Que l'homme est peu de chose, ô ma chère Eugénie !
Rien n'échappe au néant. Un jour, dans l'avenir,
Les talents et les arts, la gloire et le génie,
Jusqu'à la vertu même, un jour tout peut finir.
Le livre du passé n'est plein que de désastres.
Pour le temps, qui sur nous promène son niveau,
Dont les pieds sont empreints sur la face des astres,

Le plus grand cataclysme est un ordre nouveau.
Qu'une comète vagabonde
Passe trop près de notre monde,
Et c'en est fait. Les éléments
Se heurtent à grand bruit. D'horribles hurlements,
Partis de tous les points, se croisent, se répondent.
Incessamment les eaux, la terre et le ciel grondent,
L'équilibre se rompt : Arrhimane est vainqueur.
La mort va tout faucher. Dans le fond de son cœur
L'homme seul sent encor rayonner l'espérance;
Aurait-il donc perdu sans retour sa puissance?
Contre les éléments il défendra ses jours.
Les fleuves, les torrents se mêlent dans leurs cours;
Les plaines sont des mers. Sur l'onde courroucée,
Par des bras vigoureux une barque est lancée;
Mais, sur cet océan qui n'a point de reflux,
La barque des pêcheurs déjà ne vogue plus.
Cet autre est emporté par un cheval rapide,
Que la vague poursuit. L'animal intrépide
Lutte avec la tourmente; il enfle ses naseaux;
Son écume se mêle à l'écume des eaux.
En vain de leurs regards ils appellent la terre :
La rive pour toujours fuit avec la lumière.
Ce vieillard au front nu, de rides sillonné,

Qui semblait pour toujours à la terre enchaîné,
Où va-t-il? quel démon accélère sa course?
En face de la mort qu'emporte-t-il? sa bourse.
A la branche d'un arbre il enlace son bras;
Sa nombreuse famille a volé sur ses pas;
A ses longs vêtements tous viennent se suspendre.
Quel craquement affreux, ô ciel! se fait entendre!
La branche s'est rompue, et, sur le genre humain,
A peine ouvert se ferme un jour sans lendemain.
Que l'homme est peu de chose! O toi dont le feuillage
M'abritait jeune encor contre les feux du jour,
Quand je retrouve enfin, après un long voyage,
Après tant de revers, ce tranquille séjour,
Ce port où loin de moi gronde encor la tempête,
Beau tilleul, je le vois, tu n'as pas échappé
Aux outrages du temps, et le temps t'a frappé;
D'un feuillage moins vert tu couronnes ta tête.

— Il est trop vrai, nous avons tous les deux
    Subi la loi d'un destin rigoureux :
Tes cheveux ont blanchi. La sève moins active,
Dans mes rameaux souvent reste à présent captive.
Jadis pour une amante, heureux d'en être aimé,
Tes doigts faisaient vibrer les cordes de ta lyre.
Du parfum qu'à mes fleurs enlevait le Zéphyre,

L'air au loin était embaumé ;
Mais tes doigts sont glacés ainsi que ton génie.
Le ver me perce au cœur et ma feuille est jaunie.
Plus de chants, plus de fleurs. Oh ! s'il n'est d'autre espoir
    Que le repos pour la vieillesse,
Au couchant de la vie, heureux qui peut revoir
    Les compagnons de sa jeunesse,
Et de quelque bonheur goûter le souvenir !
Il me reste un peu d'ombre, ami, viens en jouir
Jusqu'au jour où pour nous, de la mort les victimes,
S'ouvriront du passé les éternels abîmes.

Au Blanc, Novembre 1839.

FIN DE LA TROISIÈME ÉDITION, PUBLIÉE EN 1842.

LIVRE SIXIÈME.

LIVRE SIXIÈME.

FABLES NOUVELLES,

PRÉFACE.

A ROCHIER.

Mon cher poëte,
De ton Almétte
Quitte les bords.
Par les accords
Que, malgré l'âge,
Tel qu'un vrai sage,
Tu sais former,
Viens nous charmer;

De Philomèle,
Qui te rappelle
Au petit bois,
Entends la voix;
A son ramage
Viens rendre hommage,
Et dans tes chants,
Homme des champs,
Fais la peinture,
D'après nature,
Du jeune dieu
Qui, dans ce lieu,
Des violettes,
Des paquerettes,
Ouvre le sein
Au vif essaim
De nos abeilles;
Revêt les treilles
De festons verts;
D'accents divers
Remplit la plaine;
Sous son haleine,
Qui voit zéphyrs,
Amours, plaisirs;

Prendre des ailes.
Des neuf pucelles
Si plus souvent
Ne suis l'amant,
C'est que vieillesse,
Peine et tristesse
Viennent de front,
Plisser mon front.
Si j'ai souffrance,
Par ta présence
Viens l'alléger,
La partager;
Dans la retraite
Que Dieu m'a faite,
Où de mes jours
S'ouvrit le cours,
Où, je l'espère,
Près de ma mère,
Pour en finir,
J'irai dormir,
Plein d'espérance
En notre France,
Je fais métier
De fablier,

Et, sans Mécène,
Je mets en scène
Acteurs divers,
Parlant en vers.
Gueux, comme riche,
Singe, ou derviche,
Turc, ou chrétien,
Sage, ou vaurien,
Chétif arbuste,
Chêne robuste,
Plaintif bouvreuil,
Vif écureuil,
Vautour farouche,
Faible oiseau-mouche,
Beau papillon,
Pauvre grillon,
A tour de rôle
Prend la parole.
Adieu Paris,
Où l'œil surpris
Partout contemple
Palais et temple,
Suis au manoir
Où j'aime à voir,

De ma croisée,
Douce rosée
Briller en pleurs,
Sur mille fleurs ;
Loin de la foule,
Sans bruit, j'y coule
Mes jours, et puis,
Comme je puis,
J'instruis, j'amuse,
Grâce à ma muse,
Humble conteur,
Plus d'un lecteur.

FABLE I.

LE LIMAÇON.

A G.-V. NIEMCEWICZ,

vénérable vieillard, mort dans l'exil, à Paris; et l'une des premières illustrations
littéraires de la Pologne.

Sur des monts sourcilleux, de roches hérissés,
Que des buis couronnaient de leur sombre feuillage,
    Les yeux vers la terre baissés,
Vieilli par les chagrins, dans un lointain voyage,
Je suivais un sentier, quand, au pied d'un buisson,
J'aperçus en passant un pauvre limaçon.
Dans sa marche, à la fois et lente et difficile,
Il emportait sur lui son étroit domicile.
Que je te plains! lui dis-je; en tous temps, en tous lieux,
Malade ou bien portant, jour et nuit, jeune ou vieux,
Le sort a condamné ta malheureuse échine
A fléchir sous le poids de ta propre machine.

— Nous n'eûmes pas toujours la charge sur le dos :
Avant la catastrophe arrivée à ma race,
Nos demeures, dit-il, ne changeaient pas de place ;
Ainsi que les castors vivaient les escargots.
A ces mots, il ne peut retenir ses sanglots.
Il reprend : Voulez-vous ici faire une pause,
Et de ce changement vous apprendrez la cause.
L'enfer, un jour sur nous, lança d'horribles maux :
Du point qui vous fait face, un jour, des animaux,
A la griffe tranchante, au cri rauque et sauvage,
A l'épaisse moustache, à l'œil rouge de rage,
Velus comme des ours, sur deux pieds comme vous,
Arrivent par essaims et s'abattent sur nous.
La terreur les devance au sein de nos contrées ;
Au sac le plus affreux les maisons sont livrées,
  Et ces féroces oppresseurs,
Par des traîtres guidés, s'en rendent possesseurs.
Alors un limaçon, de robuste vieillesse,
Fit entendre ces mots dictés par la raison :
Il n'est plus qu'un moyen, vite, allons, le temps presse,
Que chacun sur son dos emporte sa maison.
Mon père me l'a dit, sur vos sociétés,
Souvent pèsent aussi de ces calamités.
Ah ! si vous vous trouviez en pareille occurrence,

Songez aux limaçons. Vous gardez le silence;
Je crois lire en vos yeux obscurcis par des pleurs,
Que vous êtes de même accablé de douleurs,
Et que, pour éviter des vainqueurs la furie,
Vous avez fui bien loin, bien loin de la patrie.
Plus à plaindre que nous, hélas! je le vois bien,
Sur la terre d'exil vous n'emportâtes rien.

Dans la Pologne, ô toi! qui de l'allégorie
Rouvris la source alors qu'on la croyait tarie,
Vins, après Krasicki, largement moissonner,
Où d'autres avant toi n'avaient pu que glaner,
  Qui, comme lui, suivis l'exemple
  De cet immortel champenois
Dont les grâces toujours desserviront le temple,
Débris d'un peuple offert en holocauste aux rois,
  De votre saint pèlerinage,
  Ta fable est la fidèle image.
  Niemcewicz, si j'ai quelques droits,
  Par ce labeur, à ton suffrage,
De toi vient le succès, et je t'en fais hommage.

Hautes-Raimbaudières, 31 Mars 1840.

FABLE II.

LES DEUX PEINTRES.

Dans le siècle dernier, deux artistes rivaux,
Paul et Jean, au portrait consacraient leurs pinceaux.
Paul, qui peignait fort bien, mourait dans l'indigence;
Jean, qui peignait fort mal, vivait dans l'abondance.
Comment donc expliquer ce contraste frappant?
L'un flattait ses portraits; Paul faisait ressemblant.

FABLE III.

LE JEUNE RAT ET SA MÈRE.

Un chat, qui descendait de Raminagrobis,
Jouait subtilement avec une souris.
Un jeune rat vantait ce chat devant sa mère.
Pauvre petit, dit-elle, un jour, si tu vieillis,
  Tu sauras bien que sur la terre,
  Oui, tu sauras, ô mon cher fils !
  Qu'il est une infernale espèce,
Une espèce, entends-tu, qui joint, neuf fois sur dix,
  Le coup de griffe à la caresse.

Parmi nous que de chats, de fouines et d'ours,
Qui, pour mieux déchirer, font patte de velours !

FABLE IV.

LA ROSE ET LE FLACON.

A MLLE ANAIS P_{op}

à laquelle cette fable fut dédiée, en 1845, quelque temps avant sa mort, par les vers que voici :

Vous qui, par le regard, vous qui, par le sourire,
Exercez sur les cœurs un sympathique empire ;
Vous qui, charmant l'esprit par d'aimables récits,
Du front le plus austère écartez les soucis ;
Et dont sans cesse au loin on conserve l'image,
De ma muse agréez l'affectueux hommage.

Pour le goût il n'est point d'invariables lois ;
Il se rit d'Aristote et de sa rhétorique ;

Jamais il ne se courbe au joug académique :
— Connaît-on tous les sucs dont l'abeille fait choix?
Je ne puis, La Fontaine, espérer une place
Dans le temple du dieu, qu'en marchant sur ta trace;
Je serais trop heureux si, te suivant de loin,
Tu voulais m'y garder un pauvre petit coin.
Puisque grâce à ton art, toujours inimitable,
Presque rien n'est muet dans ce vaste univers;
Puisque tu fis parler jusqu'à deux pots, en vers,
A l'un de mes essais montre-toi favorable,
  Et, des hauteurs de l'hélicon,
   Daigne un moment prêter l'oreille
  A l'entretien qu'eut le Flacon
Avec la Rose, un jour, rose encore bouton.
— Moi, la reine des fleurs? moi, la fleur sans pareille?
Allons, je n'en crois rien, Flacon cent fois heureux;
Chaque jour, tous les soirs, tous les soirs, à mes yeux,
Quand au bal, au concert, vole notre maîtresse,
C'est bien toi qu'elle emporte et moi qu'elle délaisse;
Toi dont le froid cristal, d'un peu d'or rehaussé,
Sur son sein palpitant est par elle placé.
Pour être préféré quel est donc ton mérite?
Voyons, explique-toi, ton silence m'irrite.
— Tu le veux donc, eh bien! à tant de sots propos,

Je vais répondre en quelques mots :
Quand, indistinctement, ici, pour tout le monde,
Tu répands ton parfum une toise à la ronde,
Pour la seule Chloé je conserve le mien. —

La jeune fleur comprit et ne répliqua rien.

Paris, 1845.

FABLE V.

LE PERROQUET.

Galoper jour et nuit dans une diligence,
Manger à table d'hôte et loger en garni,
Sont trois choses, ma foi, par lesquelles je pense
De quelques vieux péchés n'être que trop puni;
J'ai grande antipathie aussi pour les visites;
Le nouvel an m'assomme avec ses compliments,
Ses propos mensongers, ses discours hypocrites :
« Cher oncle, nous formons les vœux les plus ardents,
« Afin qu'en sa bonté le ciel ne vous envoie,
« Bien longtemps, que des jours filés d'or et de soie. »
C'est ainsi que parlaient naguère deux neveux.
Cependant, le cher oncle est malade.... il succombe.
Ils en mourront, sans doute? Eh non, les malheureux
N'ont pleuré que l'argent que leur coûta sa tombe. *

* Anecdotique.

Assez pour une fois ; je n'ai pas le projet
  D'aller plus loin sur ce sujet.
Mais rien, surtout, non rien, n'est plus insupportable
  Que de rester le ventre à table,
Comme font tant de gens, du matin jusqu'au soir,
A table où, pêle-mêle, ensemble vont s'asseoir
Des gens de toute espèce et de toute nature,
Où j'ai souvent le corps et l'âme à la torture.
J'évite de mon mieux aussi, depuis longtemps,
Ces repas qui ne sont que de vrais guets-apens ;
Où le gueux enrichi, qui mange à rendre gorge,
Refuse à l'indigent un morceau de pain d'orge,
Devient stupidement goguenard et railleur
Quand on prend intérêt au sort du travailleur,
Ne s'imagine pas qu'on ne fait bonne mine
Qu'aux ragoûts succulents sortis de sa cuisine,
Et qu'aucuns cesseront même de lui parler,
S'il n'a plus de champagne à leur faire sabler.

Un gros perroquet gris, bien fier de son plumage,
Cent fois plus fier encor de sa superbe cage,
Pour le monde emplumé véritable palais,
Oiseau chéri du maître, ainsi que des valets,
Voyait incessamment pleuvoir dans ses cassettes

Le sucre et les bonbons, les figues, les noisettes,
On allait au devant de chacun des désirs
De cet autre Vert-Vert. Au retour des zéphyrs,
Quand les bois reprenaient leur riante parure,
Sous un épais berceau de fleurs et de verdure,
De l'heureux perroquet on plaçait la maison;
Comme il avait toujours des vivres à foison,
    Il se plaisait à tenir table ouverte,
    Mais seulement pour quelques gros bonnets,
Tels que merles et geais, agaces, sansonnets,
Qui la trouvaient toujours de mets exquis couverte :
Par lui les oisillons étaient mis à l'écart;
Les pauvrets aux galas ne prenaient jamais part.
Un roitelet infirme, une vieille fauvette,
Lui demandaient un jour seulement quelque miette
Pour apaiser la faim qui les faisait souffrir;
Il fut impitoyable et les laissa mourir !

A moi, Charivari, crayonne, imprime, affiche,
Le portrait que ma muse a fait du mauvais riche.

Hautes-Raimbaudières, 1840.

FABLE VI.

LE VIEUX CORMORAN, L'ÉCREVISSE ET LES POISSONS.

Imitation de Krasicki qui, lui-même, avait imité cette fable de La Fontaine.

A GOBERT (DE BELABRE)

Mon confrère et mon ami.

Au bec en hameçon, à la griffe acérée,
  Le plus félon de tous les cormorans,
— Au moins c'était le bruit de toute la contrée, —
Avait, en les flattant, déjà depuis longtemps,
  Trahi ses amis, ses parents.
Enfin, sur la ruine à vingt des siens commune,
Il avait établi, comme on dit, sa fortune.
Je pourrais de ceci, chez divers animaux,

Trouver, si je voulais, mille exemples nouveaux;
Je m'en tiens à l'oiseau. Tout vieillit sur la terre :
L'innocente gazelle et l'horrible panthère;
Et par bonheur au moins, la nature a des lois
Que ne transgressent point ni cormorans, ni rois.
La griffe de l'oiseau devenait moins aiguë;
La tête lui branlait; il avait la berlue;
Aussi, des jours entiers, à l'abri des buissons,
Vainement d'un étang il guettait les poissons;
Il n'attrapait plus rien. Lors, le vieux hypocrite
De la sorte parla : Contre vous on médite,
Infortunés poissons, un dessein sans pareil :
Demain, d'affreux pêcheurs, au lever du soleil,
Viendront de votre étang intercepter les sources;
Une fois privés d'eau, pour vous plus de ressources,
Et vous périrez tous. Mais, si vous m'écoutez,
Avant la fin du jour vous serez transportés,
A l'aide de mon bec, au sein des belles ondes
Du lac voisin, et là, dans des grottes profondes,
De tous vos ennemis délivrés à jamais,
Vos jours, comme vos nuits, s'écouleront en paix.
Venez donc, il est temps. A cette voix, dociles,
Ils viennent, et l'oiseau croque les imbéciles.
Arrive une écrevisse; il croit en faire autant;

La voilà dans son bec, la voilà sur la rive;
Mais, à tout ce qu'il fait, la gaillarde attentive
Le saisit à la gorge et l'étrangle à l'instant.

Hautes-Raimbaudières, 12 avril 1843.

FABLE VII.

L'ÉLÉPHANT ET L'ABEILLE.

Dans le pré qu'un ruisseau de son eau caressait,
L'éléphant promenait sa pesante machine;
    Voyant qu'il passait, repassait,
Sans lui dire un seul mot, une abeille pensait
Que c'était par mépris; aussitôt, sur l'échine,
Elle alla le piquer. Rien du tout n'y parut;
    Et l'abeille en mourut.

FABLE VIII.

LE TOURNESOL ET LA VIOLETTE.

Au milieu d'un parterre où mille et mille fleurs,
Aux suaves parfums, aux brillantes couleurs,
  Formaient une vaste corbeille
Que l'aurore au matin humectait de ses pleurs,
Et que zéphyr séchait au retour de l'abeille,
  Comme un géant, le tournesol
  S'élevait au-dessus du sol;
Fier du nom qu'il portait, au point d'en être bête,
Et vers l'astre des jours, qui dorait l'horizon,
  Tournant stupidement la tête,
Par d'insolents propos, jusque sous le gazon,
Ce tournesol troublait la paix et l'innocence
De la fleur qui l'avait aimé dès sa naissance.
C'était la violette. Elle lui rappelait,
En termes les plus doux, leur amitié si tendre.

Monsieur se courrouçait seulement de l'entendre ;
De telle sorte il s'aveuglait,
Que pour lui la grandeur était dans l'habitude
De la contrainte et de la servitude,
Conduisant droit à la brutalité.
La violette, libre, elle, au fond de son herbe,
Prenait en pitié le superbe,
Et se félicitait de son humilité.

1845.

FABLE IX.

PLATON.

Novembre a dépouillé les bois de leur verdure ;
Il ramène avec lui la brume et la froidure ;
Les autans déchaînés hurlent sous un ciel gris ;
Les corneilles dans l'air s'appellent à grands cris.
Tout est sombre, voilé, triste, mélancolique,
Et j'ai repris mon coin au foyer domestique.
J'y relis, au bon goût pour ne pas déroger,
  Toujours avec même délice,
  Ou La Fontaine, ou Béranger,
X..., jamais ; puis, suivant le caprice
De ma muse, à l'instant, du champ des fictions
Je parcours à loisir les vastes régions.
Le loup et les brebis hier jouaient leur rôle
Sur la scène ou Platon va prendre la parole,
  De ses disciples entouré.

Puisqu'en vous, leur dit-il, brûle le feu sacré,
Sachez comment au sage obéissent les mondes :
Pour lui brillent les cieux ; pour lui soufflent les vents;
    Pour lui les terres sont fécondes.
Pour lui roulent les eaux; en lui les éléments
Reconnaissent un maître. Il tient sous son empire
    Tout ce qui vit et tout ce qui respire;
    Des animaux il est le roi.
Sans se préoccuper de ce pompeux langage,
    La puce au nez pique le sage,
    Et dit : Ma foi,
Le monde est pour Platon et Platon est pour moi.

Novembre 1845.

FABLE X.

LE CHIEN ET SES MAITRES.

Contre un voleur, un chien jappe une nuit entière ;
Mais personne, au logis, ne ferme la paupière,
Et le chien est rossé. La nuit suivante il dort.
Le voleur fait son coup. On le rosse plus fort.
O comble d'injustice! encor sur notre terre,
De plus d'un serviteur tel est pourtant le sort.

FABLE XI.

LE LOUP ET LES BREBIS.

A force de voracité,
Pour un peu de charrogne, oubliant la prudence,
Dans une fosse, un loup s'était précipité;
Piteuse était sa contenance.
Là vinrent des brebis; la curiosité
Au bord du trou leur fit pencher la tête;
Le loup les aperçoit : Sachez, dit cette bête,
Sachez qu'ici je suis entré
Non de force, mais de plein gré.
Sans cesse, à mes regards, de sanglantes victimes
Les ombres se dressaient. Pour expier mes crimes,
Il n'était pas d'assez terrible châtiment !
Tout le troupeau répond par un long bêlement :
Le pauvre loup ! qu'il sorte. — Il faut que je périsse;
Il faut que mon destin à la fin s'accomplisse.

Si mon père eût été changé
En mouton, je l'aurais mangé;
Je suis un parricide! Allons, retirez-vous.
— Ton repentir des dieux apaise le courroux,
Répliquent les brebis, et toutes à l'ouvrage
Se mettent, à l'instant, avec tant de courage,
Durant presque tout un jour,
Que le loup sort; il sort, mais, sous ses dents avides
Dans le vallon, quand l'ombre est de retour,
Il fait redire aux échos d'alentour
Le bêlement de mort de ces brebis stupides.

FABLE XII.

L'ANESSE ET LE CHIEN.

Différant peu de son bétail,
Malgré l'eau du baptême, un homme, à coups de trique,
Sous un soleil brûlant, après un long travail,
Dans un champ de chardons conduisit sa bourrique.
De fatigue accablée autant que de chaleur,
Bientôt la malheureuse alla du pâturage
Au bois le plus voisin, afin qu'un peu d'ombrage,
Au moins quelques instants, vint calmer sa douleur.
Un troupeau de moutons non loin de là s'abreuve,
Grâce aux soins d'un berger, à la belle eau du fleuve.
L'ânesse, à cet aspect, s'écrie : En vérité,
De l'homme je ne puis m'expliquer la bonté;

J'y réfléchirais bien, mais j'en perdrais la tête;
Un chien l'entend et dit : Apprends-le, pauvre bête,
   Pour ces moutons s'il prend quelqu'embarras,
     C'est pour les tondre un peu plus ras.

FABLE XIII.

LA DÉVOTE.

Imitation de Krasicki, évêque de Warmie, appelé, avec raison, le Voltaire de la Pologne. Les fables x, livre I, et 5, livre III, sont du prélat-philosophe.

La douce Louison, à quinze ans chambrière,
Avait désobéi, sans trop savoir comment,
A sa maîtresse, un jour. C'était précisément
Au moment où Madame achevait sa prière,
Et proférait ces mots : *Seigneur, pardonnez-nous,
Comme à notre prochain nous pardonnons nous-mêmes,*
    Qu'elle rouait la pauvre enfant de coups.

Les dévots n'ont jamais connu que les extrêmes.

Tant de fiel entre-t-il dans l'âme des dévots.
BOILEAU.

FABLE XIV.

LE CERCLE DES ANIMAUX.

Au sein d'une immense vallée,
Où le désert commence, et de bêtes peuplée,
Le Léopard, bon prince, avait admis un jour,
 Suivant son historiographe,
 Petits et grands en son royal séjour :
Milord Rhinocéros et milady Girafe ;
Le pur sang, le métis, l'innocent Jean-Lapin,
Le malin Don Bertrand, et mouton, dit Robin ;
Et cent autres au moins. Telle était l'occurrence,
 Qu'avec assez d'outrecuidance,
 Ou pour le moins de vanité,
Chacun ne s'y montrait que de son beau côté.
Moi, je suis le plus fort, et moi, le plus fidèle ;
Moi, le plus courageux ; moi, je suis le modèle
 De la douceur, de la bonté.

Avec la flèche, moi, je lutte de vitesse;
   Et moi mon nom indique la finesse.
Coup sur coup, dans le cercle, on entendait encor :
J'ai l'habit galonné, j'ai le plus haut ramage,
Je vis le plus longtemps, j'ai le plus beau corsage,
Quand un vieux éléphant, à la voix de stentor,
   Pour mettre fin à leur tapage,
   Fit retentir ces mots sur tous les points :
Le meilleur est celui qui se vante le moins.

Janvier 1846.

FABLE XV.

LE RENARD ET L'ANE.

Un vieux renard avait si bien appris à feindre,
Qu'un soir il dit à l'âne, et les larmes aux yeux :
Je n'ai pas un ami; qu'ai-je donc fait aux dieux?
Si tu savais, mon cher, combien je suis à plaindre!
— Que viens-tu me chanter? tu perds le temps à rien,
Car tu passes partout pour un fieffé vaurien;
Se lier avec toi serait folie insigne :
Pour avoir des amis, il faut en être digne.

FABLE XVI.

LES DEUX COLOMBES.

Dans l'épaisseur des bois, deux colombes craintives
Aux chants des rossignols mêlaient leurs voix plaintives;
　　Lorsque parfois, aux alentours,
　　En la saison des fleurs et des amours,
L'air frémissait sous leurs rapides ailes,
Elles n'apercevaient jamais les deux tourelles
Du vieux castel, assis au sommet du coteau,
　　Sans redouter quelqu'accident nouveau.
Le chêne séculaire, un jour, sous son ombrage,
　　Les défendait contre l'orage,
Quand du bois tout-à-coup sortit un vieux chasseur;
S'il les voit, à la mort qui pourra les soustraire?
Arrive aussi l'autour à la tranchante serre;
Mais le chasseur l'ajuste, et l'oiseau ravisseur,

Frappé d'un plomb mortel, et se débat et tombe.
Auprès de leurs petits une fois de retour,
Nos oiseaux se disaient, — jugement de colombe, —
  L'homme est moins mauvais que l'autour.

FABLE XVII.

LE VIEUX TREMBLE ET LE JEUNE HOUX.

— La terre se revêt de verdure et de fleurs;
Tous les bois sont remplis de douces harmonies;
L'onde, calme, des cieux réfléchit les couleurs,
Et tu parais languir; tes feuilles sont jaunies;
La cigale pourtant n'a pas encor chanté :
De quel mal, pauvre tremble, es-tu donc tourmenté?
— Jeune houx, je le sais, un grand nombre d'années,
Ta feuille peut braver le souffle de l'hiver;
Mais, quand viendra le temps des fatales journées,
Tu te rappelleras que chaque arbre a son ver.

FABLE XVIII.

LES OISONS.

Si jamais proverbe eut raison,
C'est bien celui qui dit : Bête comme un oison.
Mais on m'oppose un fait que l'on croit péremptoire,
Et vite, tout au long, on me conte l'histoire
Des jars du Capitole. Eh bien! précisément
J'en voulais venir là. Chez ces héros à plume,
Fiers d'un premier exploit, nouvelle ardeur s'allume;
  Ils veulent tous, sans perdre un seul moment,
Voler à la forêt, et malgré la broussaille,
Et malgré les terriers, en chasser les renards,
Cette infernale gent! cette infâme canaille!
Les voilà donc partis. En tête on voit les jars;
A les suivre de près les autres sont dociles.
Ils arrivent au but; comme autant de clairons,
Leurs cris frappent au loin l'écho des environs.

Les renards éveillés croquent les imbéciles.

Me faut-il, à présent, en venir aux humains
    Pour achever ma parabole?
Je le dis, les oisons, même chez les romains,
    N'étaient pas tous au Capitole.

FABLE XIX.

LES OISEAUX ET L'ANE.

Des bois les habitants ailés,
Sous un feuillage épais au printemps rassemblés,
Disaient : Faisons silence et prêtons tous l'oreille
Aux chants du rossignol; sa voix est sans pareille!
On n'entendit jamais de sons plus ravissants!
Et pour les imiter nous sommes impuissants.
Lorsque le maëstro de la sorte captive
Jusqu'à la fauve même, une oreille est rétive,
L'oreille du baudet. Oh! dit-il, je le vois,
Votre admiration est vraiment frénétique
Pour ce pauvre chanteur qu'un rien met aux abois;
Sitôt que je l'entends, moi, j'étouffe sa voix.

Comme cet âne il est maint stupide critique.
1846.

FABLE XX.

LA TULIPE ET LA VIOLETTE.

A AND. RAYMOND,

mon ami, que feu H. de Latouche appelait sa providence typographique.

Oui, notre La Fontaine insulte à son génie
Quand il élève aux grands *un temple dans ses vers.*
Moi chétif, que le sort jeta dans l'univers,
Moi, qu'il soumit au joug du dieu de l'harmonie,
Je ne puis que t'offrir le modeste labeur
D'une muse, toujours au peuple sympathique,
Heureux d'avoir choisi la forme allégorique
Sans quitter le chemin qui va droit à ton cœur.

La tulipe disait : A la clarté des cieux,
Ici, quand ma corolle attire tous les yeux,

Quand mille papillons viennent me rendre hommage,
Ma chère violette, il est vraiment dommage
De te voir accolée, en ce coin du jardin,
A l'ortie, à la ronce, à ces plantes infimes
Que personne ne voit sans un profond dédain :
Le sort choisit en toi l'une de ses victimes;
Aussi, que je te plains, pauvre petite fleur !
  Elle achevait, quand Monseigneur,
Qui malgré dignités, et puissance et richesse,
  Comme un boulet traîne, après lui,
    L'ennui,
Pour orner le boudoir de quelqu'archiduchesse,
Vient cueillir la tulipe. Au sortir du bosquet,
Il voit la violette; il veut faire un bouquet
Qui lui vaudra sans doute au moins une caresse.
Il daigne se baisser pour la seconde fois;
Mais jusqu'au sang la ronce a déchiré ses doigts.

Hautes-Raimbaudières; Mai 1847.

FABLE XXI.

LE LOUP REPENTANT.

Pour vivre en paix avec lui-même,
Dans La Fontaine, un loup voulut faire carême ;
Mais, comme il vit bergers aux appétits gloutons
Faire rôtir en broche et manger des moutons,
D'un préjugé, dit-il, j'allais être victime ;
Pas si bête, à présent, de changer de régime.
Le mien, feignant un jour d'être pris de remords,
Fit serment de jeûner, de réduire son corps
A l'état de squelette. — Oui, je tiendrai parole,
Répétait-il souvent. Un autre loup, au soir,
Le rencontre et lui dit : Quel plaisir de te voir ;
Tu m'as rendu service, eh bien ! à tour de rôle.
Tu me parais souffrant. Marchons, à quelques pas,
Ami, nous pourrons faire un succulent repas ;
  C'est de grand cœur. — Merci, mon camarade,

Je n'ai pas faim; j'ai l'estomac malade.
L'autre insiste : — Il n'est pas de morceau plus friand ;
Vois donc. Allons, un peu. Notre pêcheur se rend ;
Il se rend à la voix de la reconnaissance,
Et goûte au dindonneau par pure convenance.

 Il fit périr, deux ou trois jours après,
 Un pauvre agneau, mais sans le faire exprès ;
Il étrangla, plus tard, en sa juste colère,
Un veau qui refusait d'aller avec sa mère ;
Puis, un vieux bœuf malade, et cela par pitié ;
Son ventre en avait vu passer plus de moitié,
Quand il dit : Si j'engraisse, après tant d'abstinence,
Les dieux me sont témoins que c'est par pénitence.

1847.

FABLE XXII.

LES LIVRES.

D'une bibliothèque, on dit, et je le crois,
Que des livres, un jour, eurent une querelle,
Dans laquelle surtout, pour établir ses droits,
La chronique criait comme une crécerelle :
    Non, ce n'est pas par vanité
      Que je me plains, foi de chronique,
Mais à bon droit. Comment ! laisser à mon côté
    Un pareil livre ! ô chose inique !
Souffrir qu'un almanach me presse ainsi le flanc,
Moi la sœur de l'histoire ! On méconnaît le rang
Qui doit m'appartenir ; c'est vouloir tout confondre.
L'almanach, qui n'est pas emprunté pour répondre,
    Coup sur coup lançait les gros mots.
    Tout étourdi de leurs propos,
Le bibliothécaire approche et dit : Silence,

Ici tout est en ordre, et, jusques à présent,
Aucun n'avait montré cet excès d'insolence;
  Aucun ne semblait mécontent.
Vous avez tort tous deux de vous faire la guerre,
  Car vous ne vous en cédez guère,
  On le sait, pour faire mentir
  Toi le passé, toi l'avenir.

FABLE XXIII.

LE BLOC DE GLACE ET LE CRISTAL.

A E. FAVREAU,
ma jeune nièce.

Un bloc de glace issu d'un bourbier de la Brenne,
Marécage éternel, se trouvait à côté
D'un fragment de cristal. Lecteur, en vérité,
Je dois le déclarer, je serais fort en peine
De te dire comment. Mais, le point capital,
Le point auquel je tiens, c'est que de ce cristal
Le bloc de glace était jaloux à toute outrance;
Qu'il fondait de dépit d'en voir la transparence.
Dieu du jour, disait-il, laisse, du haut des cieux,
Sur moi laisse tomber un peu de ta lumière;

Fais que je brille aussi. Fatale est sa prière :
Sur lui le soleil darde. Il fond encor bien mieux,
Et l'astre n'avait pas achevé sa carrière,
Que le glaçon fondu redevenait bourbier.
Par cette fiction, tu le sais, Eugénie,
Je m'adresse à ces gens, je le dis sans railler,
A ces gens que l'on voit, dans leur sotte manie,
    Chercher, quand même, ici bas à briller.

Sur les confins de cette vaste et belle partie de notre territoire, que nos pères appelèrent *le Jardin de la France*, il est une contrée de très peu d'étendue qui, connue sous le nom de Brenne, a pour chef-lieu la ville de Mézières que baigne en passant l'eau dormante de la Claise. Malgré ses routes, dont deux principales la traversent du nord au sud et de l'est à l'ouest, et conduisent à sa petite capitale, autour de laquelle l'hiver formait naguère comme une enceinte continue de bourbiers et de fondrières ; malgré son hippodrome qu'on aurait dû faire servir plus largement aux intérêts populaires, la Brenne, pour ainsi dire, n'offre encore aujourd'hui qu'une *vallée de larmes et de douleurs* où l'enfance est décimée par la maladie désignée sous le nom métaphorique de carreau ; où la jeunesse est sans vigueur et la vieillesse prématurée ; où des individus portent des ratés d'un tel volume qu'elles occupent parfois presque toute la cavité abdominale, ce qui me rappelle que, dans le district de Pinsk, la Brenne de la Lithuanie, j'ai vu la plique dans tout son développement. La population de la Brenne est-elle donc fatalement condamnée à des maux sans remède ? Ne lui resterait-il d'autre ressource que l'émigration ? évidemment, non ; et son sol, qui croupit sous les eaux depuis tant de siècles, peut être rendu à la première de toutes les industries, l'industrie agricole, par une canalisation générale, avec autant de pente que possible, et par tous les autres moyens dont la science et l'art réunis permettent de se servir aujourd'hui, d'où résulterait la formation de prairies naturelles, la plantation et les semis d'arbres divers, la culture plus facile et plus productive des céréales, la culture même de la vigne, comme il y en a déjà des exemples, S'il n'est pas possible de faire entièrement de la Brenne une terre promise, on peut au moins y créer, à un degré très satisfaisant, la fécondité et la salubrité, conditions inséparables du bien-être de sa population. Maintenant que, de jour en jour, quoiqu'on dise et quoiqu'on fasse, la routine et le préjugé s'en vont, grâce aux progrès de la raison publique, la transformation de la Brenne, nous devons l'espérer, dans un temps peu éloigné, sera une preuve de plus de toutes les améliorations possibles en France.

FABLE XXV.

LE VASE EN PORCELAINE ET LE BROC.

Un vase en porcelaine, à Sèvres façonné,
Doré de haut en bas, de peintures orné,
Où la rose naissante, à sa tige ravie,
Puisait dans une eau claire une nouvelle vie,
En termes les plus durs, apostrophait un broc :
Le voir ici, sans doute, est déjà chose étrange;
Chacun en conviendra; mais recevoir le choc
De ce pot si grossier, d'un pot pétri de fange,
C'est à n'y plus tenir! Comment peut-il oser
Avec moi, sans façon, venir fraterniser?
 Holà! quelqu'un! A la porte! à la porte!
Que la pendule, allons, n'ait pas sonné midi,
Avant qu'il soit bien loin. — Comme monsieur s'emporte!
Qu'il daigne au moins savoir qu'un valet étourdi,
  C'est vrai, toute la matinée,

Près de lui m'a laissé sur cette cheminée;
Et que je n'en puis mais si je me trouve ici.
Pourtant, voyons, malgré sa dorure et sa rose,
    A quoi sert-il? à peu de chose.
    Moi, je m'en flatte, Dieu-merci,
Je suis utile, eh bien! sans plus de commentaire,
Qu'il sache enfin qu'il est tout comme moi de terre.

FABLE XXVI.

LE CHIEN ET LE TOURNE-BROCHE.

Moufflard, obèse personnage,
Ronflait en paix au coin du feu.
Le tourne-broche un jour, commençant son tapage,
Lui dit : Moufflard, voyons un peu :
Apprends-moi comment, je te prie,
Tu peux ici passer tes jours
Dans une pareille incurie,
Puisque tu dors presque toujours?
Triste état que celui qui jamais ne varie.
Vois quelle est mon activité.
— Mon ami, s'il te plaît, pas tant de vanité;
Sans une puissance étrangère,
Tu resterais toujours dans l'immobilité;
Tu t'arrêtes tout court quand ton poids est à terre;
Enfin tu vas, mon cher, comme on te fait aller.

Pour moi, j'aime peut-être un peu trop à ronfler;
Qu'importe? en Indien, c'est mon plaisir de vivre;
Tel est mon plan, eh bien! permets-moi de le suivre;
Au moins, j'agis toujours d'après ma volonté;
Pauvre machine, aussi, je ris de tes reproches.

De Moufflard, nous voyons, honteuse vérité,
Que par beaucoup de gens le système est goûté,
Quand tant d'autres ne sont que de vrais tourne-broches.

9 février 1848.

FABLE XXVII.

LE SANSONNET DE STERNE.

A H. DE LATOUCHE,
auquel je dois un éloge de mes fables dans une lettre pleine de goût, de sentiment, de sympathie.

Je voudrais bien sortir! que je suis misérable
D'être ainsi retenu sous ces barreaux de fer!
J'aurais tant plaisir à m'ébattre dans l'air!
Je voudrais bien sortir! D'une voix lamentable,
Un sansonnet ainsi déplorait son malheur.
Tes cris ont retenti jusqu'au fond de mon cœur,
Lui dit un écolier; tu vas, sur ma parole,
    Même en dépit du magister Nicole,
    Être content. A peine a-t-il parlé,
    Que le captif au loin s'est envolé.

Puis, l'écolier ajoute : Un diable, en sa malice,
M'aurait-il conseillé de le faire partir?
Quel oiseau plus joli? C'était le seul délice
De Madame. Après tout, pourquoi m'en repentir?
Je n'ai pu résister aux élans de mon ame;
Le temps emportera les soucis de Madame.
   Il ne faisait que s'agiter,
    Pauvre petit, et répéter :
Je voudrais bien sortir! J'ai compris son langage;
Je crois qu'il serait mort de chagrin dans sa cage.
   Il me doit sa félicité.
Mais, comme mon cœur bat! à peine je respire....
Enfin je t'ai connu, j'ai senti ton empire,
   Saint amour de la liberté!

FABLE XXVIII.

LE GRILLON.

Un grillon, jeune encor, s'éloigna de son trou ;
Il allait, il courait, mais sans trop savoir où ;
Il s'était bien gardé de consulter son père.
    — Souvent jeunesse est téméraire. —
Grillon avait marché presque moitié du jour
    Sans éprouver de fâcheuse rencontre ;
Que ne retournait-il au paternel séjour !
Il voulait tout connaître. A ses regards se montre
Une petite fosse, un trou bien arrondi,
Vrai cône renversé : telle était sa figure.
Qu'est-ce donc, avançons, dit le jeune étourdi,
    Poussons à bout cette aventure.
Il s'approche du bord ; nouveau Pline, il veut voir
    Ce qui se passe au fond de l'entonnoir.
    Mais, en roulant, une petite pierre

Du trou court avertir l'infâme solitaire.
C'est le fourmi-lion. Le grillon sent pleuvoir
A l'instant, sur son dos, une grêle de sable
   Qui l'étourdit, l'enveloppe, l'accable,
L'entraîne jusqu'au fond de cet affreux manoir,
   Où, l'étreignant d'une griffe acérée,
     Le monstre en fait proie et curée.

Vous, tous les ans, jetés dans ce grand tourbillon
Qu'on appelle Paris, bons jeunes gens, alerte !
Alerte ! et pour ne pas courir à votre perte,
Gardez-vous d'imiter l'aventureux grillon.

1848.

FABLE XXIX.

LE MOINEAU FRANC ET LE MOINEAU FRIQUET.

A BÉRANGER,
pour répondre, hélas! quand il n'est plus, par un juste tribut d'admiration, aux sympathiques encouragements qu'il me donna dans toutes ses lettres.

On voit déjà rougir la cime des ormeaux,
Et du saule pleureur reverdir les rameaux;
Sur les gazons naissants on voit les paquerettes
Ouvrir aux papillons leurs blanches colerettes.
On entend des agneaux les premiers bêlements,
De l'amoureux ramier les doux roucoulements,
Les cris qu'à son retour jette dans l'air la grue,
Les chants du laboureur qui reprend sa charrue,
L'alouette qui va, se perdant sous les cieux,
Saluer le soleil par des accents joyeux.

Malgré les soixante ans qui pèsent sur ma vie,
Au milieu de ces cris, de ces chants, de ces voix,
Qui, partis de la plaine, et des airs et des bois,
Arrivent en concert à mon âme ravie,
Comme en mes plus beaux jours je me sens inspiré;
Le souffle du printemps m'apporte un feu sacré;
L'imagination me rouvre la carrière;
Je dispose à mon gré de la nature entière;
Autour de moi tout parle, et, grâce aux animaux,
Je grossis mon recueil d'apologues nouveaux.

 Ecoutez donc, c'est à ma porte,
Sur ce beau maronnier, que, fort de son caquet,
 Le moineau franc dit au moineau friquet:
  Je veux que le diable m'emporte,
  Mon cher, si je conçois comment
Tu consens à traîner ta chétive existence
Au fond de ces vergers, où, sans doute souvent,
  Tu dois manquer de subsistance.
 Tandis que nous, presque les commensaux
Du maître de céans, nous avons, en monceaux,
Dans les vastes greniers qui font face à l'étable,
Le froment dont il fait le pain blanc de sa table,
Et dont nous attrapons parfois de bons morceaux.
Ecoutez donc encore, écoutez la réplique

Du modeste friquet au moineau domestique :
— J'en conviens, il est vrai, tu fais de bons repas ;
Mais la griffe du chat, tu ne m'en parles pas ;
Et de tous ces gamins, dont la bande s'apprête
A prendre tes petits, s'en faisant une fête,
Tu n'en dis rien, non plus ; eh bien ! mange ton blé ;
Par ma compagne au bois je m'entends appelé,
J'y retourne, et je vais chercher, pour ma nichée,
    Une retraite aux humains bien cachée ;
De peu je me contente et je me trouve heureux.

Moins on a de besoins, plus on ressemble aux dieux.

Hautes-Raimbaudières, 29 Mars 1849.

FABLE XXX.

LES CHIENS.

A CH. TESTE (LE PAUVRE),
un de mes amis.

Trop souvent, on le sait, la vertu, la science,
Dans le sein des cités, comme au milieu des champs,
Ne peuvent éviter la rage des méchants.
A l'heure où le jour fuit et la nuit recommence,
Un homme ami du peuple et de l'égalité,
Près du lac qui baignait son petit hermitage,
Suivait le chemin creux qui conduit au village
Où le travail s'abrite avec la pauvreté.
Au bruit sourd de ses pas un chien prêtait l'oreille;
Il aboie; un second lui répond à l'instant;

Trois, six, dix, vingt, en font autant,
Et leur fureur est sans pareille.
Pourquoi? nul n'en sait rien; mais leurs bruyantes voix
Et plus fort et plus loin résonnent à la fois.
Telle est, je vous le dis, la trop fidèle image
De ce qui nous arrive. Une vague rumeur
Contre quelqu'un s'élève; en connaît-on l'auteur?
Point du tout, mais qu'importe, un autre la propage.
Est-ce mensonge ou vérité?
Qu'importe encore; il souffle l'étincelle,
Et le feu prend de tout côté.
Autour du juste ainsi l'orage s'amoncelle;
Sa voix n'a plus d'échos eût-il cent fois raison;
On l'insulte, on l'outrage, on le traîne en prison;
Une foule stupide accourt, hurle à sa vue;
Il mourra dans l'exil! il boira la ciguë!
Fût-il le premier des humains,
Un ignoble bourreau sur lui mettra les mains.
L'erreur et le mensonge enfantent les grands crimes.
Que d'illustres martyrs! que de nobles victimes!
Gloire éternelle à vous, infortunés penseurs,
Du siècle où nous vivons les dignes précurseurs.
Sortez de vos tombeaux, sortez, ombres célèbres,
Je vous évoque, et toi, chasse enfin les ténèbres,

Auguste vérité! viens régner parmi nous,
Eclate aux yeux du peuple, ouvre ton temple à tous.
Qu'à jamais le Génie à la Vertu s'enchaîne.
Plus de dissensions, de vengeance et de haine,
Et qu'à la voix du Christ, partout l'humanité
Et comprenne et pratique enfin la Charité.

FABLE XXXI.

LES FOURMIS.

A DARGENSON,
qui, jusqu'à sa mort, me donna des preuves d'une sympathie que je me rappellerai toujours avec bonheur.

Le soleil brille encor. Tout-à-coup, dans la plaine,
De tous ces travailleurs d'où vient l'empressement?
L'un attèle ses bœufs, déjà loin l'autre emmène
Sur l'âne aiguillonné ses gerbes de froment.
Des femmes, des vieillards, sous le fardeau des glanes,
Suivis par des enfants, regagnent leurs cabanes;
Les troupeaux, à la voix de vigilants gardiens,
Rassemblés, mis en marche, obéissent aux chiens.
C'est l'orage! Des bois la cime se balance;
Le vent souffle, et l'éclair de l'horizon s'élance.

Sur la croupe des monts, au sein des airs brûlants,
De nuages blafards s'élargissent les flancs;
Sur la grand'route vole et roule la poussière;
Un long fracas succède au bruit sourd du tonnerre;
Comme une mer houleuse oscillent les moissons;
La cloche jette en vain de prophétiques sons;
C'en est fait. Quel tableau! Tout se confond, se mêle,
La foudre, l'ouragan, et la pluie et la grêle.
Jardins, prés, vignes, champs, bois, tout est dévasté.
C'est l'aspect de l'hiver au milieu de l'été.
Même au pied du grand roc, des fourmis l'édifice
A roulé presqu'entier au fond du précipice.
Mais d'un peuple qui peut calculer les efforts?
Mille fourmis du gouffre ont regagné les bords
  Où les autres sont empressées
  A porter secours aux blessées.
Quel fraternel accord! quelle unanimité!
Aussi comme on les voit de leur pauvre cité
Recueillir avec soin jusqu'aux moindres vestiges.
L'amour de la patrie enfante des prodiges!
Bientôt ce peuple libre est, sous d'égales lois,
Plus florissant encor qu'il n'était autrefois.
L'étranger nous menace! il peut, en sa furie,
Au temps de nos moissons fondre sur la patrie,

De même que l'orage, et semer de débris
Son sein ensanglanté du Rhin jusqu'à Paris.
Patriotes, alerte! union! vigilance!
Si nous nous divisons, qui sauvera la France?

Hautes-Raimbaudières, Mars 1850.

FABLE XXXII.

LE BROCHET.

A CARNOT (LE CONVENTIONNEL),
illustre proscrit qui, à mon retour des prisons de la Russie, me reçut, à Varsovie, avec tant de bonté, que toute la vie j'en garderai pieusement le souvenir.

Aux confins du Poitou, certain propriétaire,
Non marquis, mais bourgeois, un heureux de la terre,
    Servi par de nombreux valets,
Avait barré la Creuse, un jour, de ses filets.
    Monsieur pêchait. Voyez comme il se pose
    Le chef haut, et puis dispose
De tout son monde; il dit : Plus doucement par là;
Attention ici; de l'ensemble; voilà ;
Tirez tous, à présent. C'est fait. Quelle capture !
    J'aurai matelote et friture.
Les carpillons, à l'eau! qu'ils profitent encor;

Mais ces carpes, qui sont jaunes comme de l'or,
    Cuiront au bleu. Je veux qu'on mette
    Force tanches à la poulette.
Que ce brochet surtout ne vous échappe pas;
Le monstre a mérité mille fois le trépas.
C'est le loup de nos eaux : il dévore sans cesse,
N'épargne aucun poisson, pas même son espèce;
Son ventre est toujours plein; pour tout vous dire enfin...
Le brochet l'interrompt : Je mange quand j'ai faim;
    Je ne puis m'empêcher de suivre
L'impérieuse loi, la loi qui me fait vivre.
Mais toi, safre toujours de fortune et d'honneurs,
    De fausse gloire et de biens périssables,
Toi qui manges de tout, et repu, toi qui sables
L'aï le plus exquis, te gorges de liqueurs,
Et n'es jamais content, à nul tu ne fais grâce.
Tu le vois, cependant, l'homme est le plus vorace !

Mars, 1850.

FABLE XXXIII.

LE VAISSEAU.

A CH. THÉVENEAU,

mort à Paris, en 1821, mon maître et mon ami, qui a mérité une double célébrité
comme poète et comme mathématicien.

Les zéphyrs soufflent seuls. Doucement balancé,
Au sein de l'Océan le vaisseau s'est lancé.
Aucun nuage aux cieux, pas la moindre rafale;
Tout semble protéger sa course triomphale.
Le soleil lui sourit en montant dans les airs;
Son front va sillonner le séjour des éclairs ;
Les vagues sous ses pieds ne seront point rebelles ;
La brise du matin caressera ses ailes.
Il vole. Cependant le ciel est moins serein ;
De l'horizon, qui prend une teinte d'airain,
Des lueurs ont jailli. Les vents et les flots grondent;

Des tonnerres lointains s'appellent, se répondent;
La trombe tourbillonne, et la foudre, à grand bruit,
Eclate coup sur coup. En plein jour il fait nuit.
A tant de sons affreux, de chocs épouvantables,
Se mêlent des sanglots et des voix lamentables.
Des pompes on entend les formidables cris;
Les voiles et les mâts ne sont plus que débris.
La mer roule ses eaux en mouvantes collines;
Déjà l'ange de mort plane sur des ruines.
Le vaisseau va sombrer! Non. Tous les matelots
Opposent à la rage et des vents et des flots
Un courage héroïque, un dévoûment sublime,
Et le vaisseau surgit au-dessus de l'abîme.
Celui qui de son souffle anime les grands cœurs,
Dieu lui-même sourit aux matelots vainqueurs.

C'est ainsi que souvent, à force de courage
Et d'union surtout, on échappe au naufrage.

FABLE XXXIV.

LA MOUCHE, LES TROIS ARAIGNÉES ET L'HIRONDELLE.

Imitation de Niemcewicz, fabuliste polonais.

A BAKOWSKI ET ŻUKOWSKI,

anciens professeurs de l'université de Vilna, et à tous mes bienfaiteurs et amis de la Lithuanie, que, morts su vivants, je n'oublierai jamais.

Il n'est besoin, amis, de vous dire comment
La mouche avait vaincu trois grosses araignées
Qui, dans leur toile un jour par elle rencognées,
Semblaient avoir perdu presque tout mouvement.
Mais il n'en était rien, car le trio farouche,
Le jour, la nuit, tramait contre la jeune mouche
Le plus noir des complots. Il tissait, il tendait
Toujours de nouveaux fils, et puis il attendait

L'heure propice à la vengeance.
    L'insecte ailé, sans prévoyance,
Voltigeait, bourdonnait, toutefois sans savoir
Ce qu'on faisait au fond de cet affreux manoir.
Il vole tant et tant que son aile s'engage
Dans le fatal réseau; l'ennemi, plein de rage,
Accourt au même instant; lui livre le combat
Sur trois points à la fois; sa toile le protège,
    Tandis que seule, et prise au piège,
La mouche vainement s'épuise, se débat.
Alors chaque araignée, en son horrible joie,
Sur elle veut tomber pour en faire sa proie.
Tout-à-coup, cependant, l'alliance se rompt.
On les voit s'attaquer toutes les trois de front,
Se tordre, s'enlacer, déchirer mainte maille
De leurs filets, si bien qu'au fort de la bataille
    La mouche échappe au guet-apens.
Elle reprend son vol. Un instant en suspens,
Le destin se prononce : une araignée est morte.
Il en reste encor deux que la fureur transporte;
    En effet, comment concevoir
Qu'on puisse partager le suprême pouvoir?
Tels on vit autrefois, dans les champs de Pharsale,
Deux illustres rivaux, d'une valeur égale,

Combattre pour savoir, au prix du sang humain,
Lequel serait le chef de l'empire romain. —
En personnes du moins combattaient nos fileuses;
La plus faible succombe aux étreintes affreuses
De l'autre, qui s'aveugle à tel point qu'on l'entend
De la sorte parler : Mon royaume s'étend
Si loin, que l'on ne peut en fixer la limite.
Non, je ne vivrai plus dans ma toile en ermite.
Ma volonté partout maintenant fera loi;
Il faut bien la subir. Le monde entier, c'est moi.
Des lieux où le matin mon royaume se dore
Aux rayons du soleil, jusqu'aux lieux où, le soir,
Ils cessent de briller, je veux que l'on m'adore,
Car je saurai des dieux égaler le pouvoir.
  Elle achevait, mais l'hirondelle,
Qui meurt quand elle perd, hélas! la liberté,
  Pour en finir, par un coup d'aile,
  Par terre, à l'instant, a jeté
  Reine, royaume et royauté.

Janvier 1850.

FABLE XXXV.

LES PASSEREAUX ET LES MARTINETS.

Je m'en souviens, — je n'avais que sept ans, —
Les passereaux, aussitôt que la bise
Cédait la place au souffle du printemps,
Faisaient leurs nids au pignon de l'église
Du bourg de Martizay; ces oiseaux de Vénus
S'y casaient de leur mieux; mais, une fois venus,
Les martinets, qui, d'une aile légère,
Sillonnaient en criant la tiède atmosphère,
Cherchaient à s'emparer de leurs trous, puis, entre eux,
Commençaient des combats, oui, des combats affreux.
Une fois j'ai vu même, et vous pouvez m'en croire,
A mes pieds, roide mort, tomber un combattant.
C'était un martinet. Oh! comme en cet instant
Les moineaux célébraient bruyamment leur victoire!
          Et les parasites ailés

En un clin-d'œil, au loin, s'étaient tous envolés.
Je racontais ceci, que j'intitule fable,
A mon ami Rochier qui dit : En vérité,
  C'est le droit de propriété,
N'en déplaise à Proudhon, sur ce point intraitable;
Par ce simple récit, certe il devient palpable :
Il n'est besoin pour moi de plus ample détail.
Tu l'as rendu sacré, comme fruit du travail.

Hautes-Raimbaudières, 15 Mars 1850.

ÉPILOGUE.

Plaire en vers au public! quelle pénible tâche!
En vain j'aurai pâli, travaillé sans relâche,
Hélas! mes chers enfants, vous serez critiqués,
Disséqués.
Mais que faire? un démon, caressant mon génie,
Me fit mordre du chien de la Métromanie,
Et, sans de l'hélicon mesurer la hauteur,
J'eus la témérité de devenir auteur.
A maint Zoïle aussi je crois entendre dire :
Que nous importe donc cette rage d'écrire?
Sommes-nous obligés de lire tous les vers
Qu'enfantent chaque jour mille esprits de travers?

Halte-là, s'il vous plaît, critique impertinente;
Sans doute mon ouvrage, à tant d'autres pareil,
Offre plus d'un défaut. Mais soyez indulgente :
Il est des taches même au milieu du soleil.

TABLE.

Préface 1

LIVRE PREMIER.

Fable I.	— Le Diamant	3
— II.	— Le Chien et les Moutons	5
— III.	— La Souris et la Tortue	8
— IV.	— Les Moqueurs	9
— V.	— Les Perroquets et le Hibou	10
— VI.	— Les Plaideurs	12
— VII.	— Le Grillon et le Papillon	13
— VIII.	— La Belette et la Vipère	15
— IX.	— Le Dervis et son Disciple	16
— X.	— Les Oiseaux et l'Oiseleur	17
— XI.	— Les deux Limaçons	19
— XII.	— La Citrouille et l'Orme	21
— XIII.	— Le Hérisson et la Fourmi	22
— XIV.	— Ésope jouant aux noix	24
— XV.	— Le Hanneton	26

Fable XVI.	— L'Éléphant à la cour du Lion	27
— XVII.	— Les Chèvres et les Boucs	30
— XVIII.	— L'Indien et le Chameau	31
— XIX.	— Le Taureau et le Veau	33
— XX.	— L'Écureuil navigateur	34
— XXI.	— Les deux Ages	36
— XXII.	— Le Pêcheur et le petit Poisson	37
— XXIII.	— Les deux Amis	39
— XXIV.	— Les deux Chenilles	41
— XXV.	— Le Pélerin et le Mendiant	44

LIVRE DEUXIÈME.

Fable I.	— La Brebis, le Chien et le Loup	49
— II.	— Les deux Cygnes	51
— III.	— Le Boiteux et l'Aveugle	53
— IV.	— La Vieille et la Bouteille	55
— V.	— La Mésange et l'Aigle	56
— VI.	— L'amateur et l'Hirondelle	58
— VII.	— L'Éléphant et l'Oiseau de Paradis	60
— VIII.	— Le Héron et la Loutre	62
— IX.	— Le Chasseur et le Chien	64
— X.	— Les Ruisseaux et la Rivière	65
— XI.	— L'Abeille et l'Araignée	67
— XII.	— Le Père avare et le Fils prodigue	70
— XIII.	— La Cigogne et l'Autour	71
— XIV	— Le Papillon et le Frelon	73
— XV.	— La Philosophie, la Science et la Pauvreté	75
— XVI	— Le Lion devenu roi	78
— XVII.	— Le Chien de l'hospice et le jeune Enfant	80
— XVIII.	— Le Grillon	85
— XIX.	— Le Mulot et la Taupe	87

TABLE. 353

Fable xx.	— Le Rossignol et le Serpent	89
— xxi.	— La Souris et le Chat	91
— xxii.	— Le jeune Cheval et le vieux	93
— xxiii	— Le Hobereau et les petits Oiseaux	95
— xxiv.	— La Santé et le Voyageur	97
— xxv.	— La Sauterelle	99

LIVRE TROISIÈME.

Fable i.	— Le Voleur, le Chien et son Maître	105
— ii.	— L'Aigle et l'Escargot	107
— iii.	— Le Torrent et la Rivière	109
— iv.	— Le petit Chien aboyant contre le gros	111
— v.	— Le Rat et le Chat	113
— vi.	— Télémaque et Cerbère	115
— vii.	— Le Pinson et le Rossignol	117
— viii	— Les deux Ramiers	119
— ix.	— Le Coucou indicateur, le Chasseur et les Abeilles	122
— x.	— Le Condor et le Colibri	125
— xi.	— Une nouvelle du Luxembourg, ou le Convoi du Pauvre	128
— xii.	— La Cigale et le Hibou	131
— xiii.	— Le Gui de Chêne, le Genêt et la Bruyère	133
— xiv.	— La Mouche et le Cousin	134
— xv.	— Le Chien et l'Agneau	135
— xvi.	— Abusey et Usbeck	137
— xvii.	— Le Bouvreuil et le Bœuf	138
— xviii.	— Les Grues	140
— xix.	— Le Moineau	142
— xx.	— Le Cheval de selle et les deux Poulains	145
— xxi	— Le Voisinage	147

23

Fable xxii.	— Le Papillon et la Rose............................	148
— xxiii.	— Le Pasteur et la Brebis...........................	152
— xxiv.	— Les Promeneurs d'Ours..........................	153

LIVRE QUATRIÈME.

Fable i.	— Le Grillon et la Fourmi...........................	157
— ii.	— Les deux Chiens et le Loup......................	159
— iii.	— Le Renard et l'Oie................................	161
— iv.	— Le Berger et son Chien...........................	163
— v.	— La Rivière et le Fleuve..........................	165
— vi.	— Les deux Rats.....................................	166
— vii.	— Le Loir et la Fourmi.............................	170
— viii.	— Les deux Mulots...................................	172
— ix.	— Le Chardonneret et le Rossignol.................	174
— x.	— Le Cheval de race et le Cheval de labour........	175
— xi.	— Le Ver-Luisant et la Famille des Chats-Huants..	177
— xii.	— Zéphire et la Pivoine............................	180
— xiii.	— L'Accapareur et le Charançon....................	182
— xiv.	— Le Pigeon mignon et le Ramier...................	185
— xv.	— Le Pilote et les Matelots........................	187
— xvi.	— Le Castor et son Fils.............................	188
— xvii.	— Le Chien de Berger et le Porc à l'engrais.......	190
— xviii.	— Le Rocher...	191
— xix	— Le Taureau et le Bœuf	193
— xx.	— Le Lion et les Animaux	195
— xxi.	— L'Ouragan et les Arbrisseaux....................	196
— xxii.	— L'Oison et sa Grand'Mère........................	198
— xxiii.	— Le Naufrage de Simonide	200
— xxiv.	— Le Chêne..	203

TABLE. 355

LIVRE CINQUIÈME.

Fable	I.	— L'Histoire et la Fable	207
	II.	— Les Oiseaux	209
	III.	— Le bon Ménage	212
	IV.	— L'Arbre à Pain et le Sauvage	213
	V.	— Le Coucou et la Tourterelle	215
	VI.	— L'Autour et le Milan	217
	VII.	— L'Or	218
	VIII.	— L'Ane et l'Oie	220
	IX.	— Les Chats-Huants	222
	X.	— Le Papillon et le Limaçon	225
	XI.	— Le Coq	227
	XII.	— Petit-Jean et son Père	229
	XIII.	— La Brebis et le Chevreuil	231
	XIV.	— Le Philosophe et la Veuve	235
	XV.	— Le Villageois et son Chien	237
	XVI.	— Les Voleurs	240
	XVII.	— L'Araignée et l'Abeille	242
	XVIII.	— L'Écureuil	243
		Aux Mânes de J. Léonard, de Provins	248
	XIX.	— Les Animaux	250
	XX.	— Le Rossignol de l'Almète	252
	XXI.	— Les Ajoncs et le Pin	256
	XXII.	— La Violette et le Roc	258
	XXIII.	— L'Aigle et le Chamois	260
		A la mémoire d'Amédée Pirault	263
	XXIV.	— Les Parapets	265
	XXV.	— Le Paon et le Rossignol	267
	XXVI.	— Le Fabuliste et le Tilleul	269

LIVRE SIXIÈME.

Préface.		— A Rochier	275
Fable	I.	— Le Limaçon	280
	II.	— Les deux Peintres	283

Fable III.	— Le jeune Rat et sa Mère	284
— IV.	— La Rose et le Flacon	285
— V.	— Le Perroquet	288
— VI.	— Le vieux Cormoran, l'Écrevisse et les Poissons	291
— VII.	— L'Éléphant et l'Abeille	294
— VIII.	— Le Tournesol et la Violette	295
— IX.	— Platon	297
— X.	— Le Chien et ses Maîtres	299
— XI.	— Le Loup et les Brebis	300
— XII.	— L'Anesse et le Chien	302
— XIII.	— La Dévote	304
— XIV.	— Le Cercle des Animaux	305
— XV.	— Le Renard et l'Ane	307
— XVI.	— Les deux Colombes	308
— XVII.	— Le vieux Tremble et le jeune Houx	310
— XVIII.	— Les Oisons	311
— XIX.	— Les Oiseaux et l'Ane	313
— XX.	— La Tulipe et la Violette	314
— XXI.	— Le Loup repentant	316
— XXII	— Les Livres	318
— XXIII.	— Le bloc de Glace et le Cristal	320
— XXV.	— Le Vase en porcelaine et le Broc	322
— XXVI.	— Le Chien et le Tourne-Broche	324
— XXVII.	— Le Sansonnet de Sterne	326
— XXVIII.	— Le Grillon	328
— XXIX.	— Le Moineau franc et le Moineau friquet	330
— XXX.	— Les Chiens	333
— XXXI.	— Les Fourmis	336
— XXXII.	— Le Brochet	339
— XXXIII.	— Le Vaisseau	341
— XXXIV	— La Mouche, les trois Araignées et l'Hirondelle	343
— XXXV.	— Les Passereaux et les Martinets	346
Épilogue		348

OUVRAGES DU MÊME AUTEUR :

TRADUCTION EN VERS
DES
FABLES DE PHÈDRE

LA POLOGNE LITTÉRAIRE
PRÉCÉDÉE D'UN PRÉCIS HISTORIQUE, ETC.

MARIE
POÈME UKRAINIEN, DE MALCZESKI.

Typographie Ernest Meyer, à Paris.